谨以此书献礼中国共产党成立 100 周年!

中国的红星

林轶青◎编著
李良明◎评注
姜小平◎收藏

人民出版社

出版说明

　　《中国的红星》一书由抗战时期国统区一位名叫林轶青的爱国知识分子编著而成，该书 1938 年 2 月 25 日由新中国出版社出版，上海杂志公司、北新书局和广州、汉口的生活书店以及香港的大公书局经售。它与美国记者埃德加·斯诺的《红星照耀中国》（即《西行漫记》）中文版几乎同时在上海出版，类似其姊妹篇。

　　全书以 20 世纪 30 年代末为时限，共 50 篇，分为上编和下编，上编为过去的"红星"，主要介绍的是已牺牲或辞世了的著名早期英烈，如张太雷、周逸群、黄公略、方志敏、彭湃、瞿秋白、恽代英等 31 位中共早期领导人和红军将领的传略。下编为现在的"红星"，主要讲述的是战斗在抗日前线的毛泽东、朱德、周恩来、彭德怀等 19 位中共领袖和红军将领的事迹。作为国统区一名进步知识分子，林轶青先生怀着对中华民族安危、对"红星"们执着于共产主义理想奋斗的高尚品质和情操的赞美之情，编著本书，勇气是难能可贵的。这本书的价值很珍贵，正如中共党史人物研究专家李良明先生在再版序言中所说："《中国的红星》具有极高的新闻价值、文学价值和史学价值。它虽然出版于

80 年前，但在今天仍具有很强的感召力。"

　　该书最鲜明的特点在于注重对"红星"形象和细节的描写，评价"红星"也比较客观公允。但该书毕竟是一部新闻报道性作品，不是一部全面的历史传记著作。诚如编著者林轶青先生在当年序言中所说，该书是"撷拾旧闻，参考国内外秘密刊物"编辑而成的。同时，由于编著者的身份及其年代所限，书中难免有失实之处。因此，我社在出版重印本时，邀请华中师范大学李良明教授，按照中央党史和文献研究院专家的意见，对各篇进行了认真鉴别，将主要失实之处，尽量一一注释，并为各篇写了编后语介绍传主，旨在使读者全面了解各位"红星"的一生简历。错漏别字订正在正文（　）内，其他一律未作改动。

　　本书已经尘封了整整 80 年，目前存世极少，具有极高的史料、版本和收藏研究价值。本书的再版重印，得益于中国收藏家协会书报刊委员会常务理事、解放战争史料收藏家、被国内收藏界誉为"最年轻的红色收藏家"姜小平先生。他将本书无私呈现给广大读者，其精神和境界可嘉。此外，在本书的出版过程中，李良明教授为本书撰写再版序言和后记、中央党史和文献研究院的专家提出了许多宝贵的修改意见和建议，谨在此一并表示衷心的感谢。

人民出版社

2018 年 12 月 8 日

目　录

上编　过去的红星

目　录

下编　现在的红星

再版序言

李良明

中国收藏家协会书报刊委员会常务理事姜小平先生藏有《中国的红星》（林轶青编著）一书，该书于 1938 年 2 月 25 日由新中国出版社出版，上海杂志公司、北新书局和广州、汉口的生活书店以及香港的大公书局经售。当姜小平先生将该书送笔者鉴赏时，笔者感到十分惊喜。

龚自珍有句名言："灭人之国，必先去其史"。日本军国主义侵占上海，首先就炸毁了商务印书馆。能在孤岛时期的上海出版该书，真可谓奇迹！

关于编著者林轶青，笔者反复考证，仍不知其为何方神仙。有专家告诉笔者，他可能是当时上海的出版商林轶成，但这也只是一种推测。然而可以肯定的是，从该书《序言》看，他应该是一名热爱和敬仰中国共产党和中国红军的爱国知识分子。《序言》开门见山指出："中国之有红军，前后不过十年历史，但红星之活动，则已将近有二十年之久。"其中，他将自中国共产党成立以来的早期领导人统称为"红星"，将党领导的革命活动，统称为"红星之活动",仰慕之情溢于言表。

编著者用《中国的红星》做书名,是否受到美国记者埃德加·斯诺的《红星照耀中国》(即《西行漫记》)的影响,笔者不敢妄断。1937 年 10 月,《红星照耀中国》由英国伦敦戈兰茨公司第一次出版,至同年 11 月已发行了 5 版。"这时候斯诺正在上海这个被日本帝国主义包围的孤岛上。当时上海租界当局对中日战争宣告中立,要公开出版发行这本书是不可能的;在继续进行新闻封锁的国民党统治区,是更不必说了"。然而,在征得斯诺本人同意后,漂泊在上海租界内的一群抗日救亡人士,"在一部分中共地下党员的领导下,组织起来,以'复社'的名义,集体翻译、印刷、出版和发行这本书的中译本"①。从这些情况看来,《中国的红星》书名受斯诺的影响也是有可能的。这两本书几乎同时在上海出版,如果说《红星照耀中国》是外国人写的第一本向世界人民讲中国共产党和红军故事的书,那么,《中国的红星》毫无疑问是中国人自己编著的第一本类似的书。

林轶青在《序言》中说明了编著该书的理由:"此辈红星身世,各各不同,或则出身豪富之家,或则贫无立锥之地,然既经献身革命,则为主义而奋斗牺牲之精神,殆皆一致"。虽然各位红星结果不尽相同,有的英勇牺牲了,有的还在英勇奋斗,但他们的革命精神都值得传扬,"尤足资为谈助"。然而,在国共分裂十年内战时期虽牺牲者颇不在少,"复因'共党'二字,悬为例禁,书报刊物,检查綦严,故虽奋斗至勇,死事至烈,亦莫由漏泄于外。此辈皆一时俊彦,若听其身世湮没不彰,未免可惜,况禁之愈深,则欲知之心愈切"。此时,国共两党,已尽捐前隙,

---

① 胡愈之:《中文重译本序》,见埃德加·斯诺:《西行漫记》,生活·读书·新知三联书店 1979 年版,第 2—3 页。

再版序言

携手合作，同为复兴民族而努力。因此，全国广大民众，"今日翘首延踵"，都更迫切希望知道"此辈红星身世"。因此，为"不佞追念过去，既珍国士，弥怀先烈，实不忍听令此辈毕生奋斗之红星，及身而没，英名不彰于世"。这些真挚朴实的语言，鲜明地反映了编著者的精神情怀。

笔者自 1986 年 10 月参加著名中共党史专家胡华教授主编的大型中共党史人物传记丛书《中共党史人物传》编委会后，就比较关注中共党史人物传记图书的出版情况。从中央档案馆编《革命烈士传记资料》编辑说明可知，1928 年中共第六次全国代表大会在莫斯科召开期间，便组织与会代表写过烈士传记，参加这次编写工作的有周恩来、瞿秋白、蔡和森、王若飞、刘伯坚、苏兆征、邓中夏、关向应、项英、阮啸仙、夏曦等老一辈革命家，共写了于方舟、王小妹、田波扬、许白昊、向警予、刘天章、陈赞贤、郑复他、夏明翰、符向一、谢怀德等 78 篇传略或小传或事略。这些珍贵的革命传记史料大都是出席中共六大的代表根据自己的回忆写成的。此外，1929 年中国济难总会编辑的小册子《牺牲》，按江苏、浙江、江西、安徽、湖南、湖北、河南、直隶、广东省籍，收录了陶静轩、陈乔年、罗亦农、宣中华、宛希俨、田波扬、涂正楚、黄五一、任开国、夏明翰、向警予、李大钊及同被绞死诸君、张太雷、萧楚女等 180 余篇烈士的传略或事略，也很弥足珍贵。上述这些新中国成立后都未见公开出版，直到 1983 年 3 月，中央档案馆党史资料研究室将上述两部分结集为《革命烈士传记资料》，由中共中央党校出版社出版，在当时对被林彪、"四人帮"祸害最严重的中共党史学科拨乱反正，恢复中国共产党的历史真实发挥了重要作用。

1936 年中国共产党驻莫斯科代表团在苏联为纪念中国共产党建党 15 周年，曾计划编写《为中国的解放而牺牲的烈士的传略文集》《党和红军著名领导人的传略文集》两本书。这两本书是否编成,公开出版,我们不得而知,当年,莫斯科外国工人出版社出版了《烈士传》(第一集),收入李大钊、顾正红、向警予、苏兆征、恽代英、蔡和森、瞿秋白、方志敏、刘华等人的传记。但这本书也未在国内发行,国人几乎不知。随后,中国人自己编著的专讲中国红星的故事,就是林轶青先生编著的这本书了。《中国的红星》的价值由此可见一斑。

林轶青先生在《序言》中说,《中国的红星》,是"参考国内外秘密刊物"而写成的,"一以振抗日之民气,一以餍读者之渴望"。全书分"过去的红星"(31篇)和"现在的红星"(19篇)上下两编,每篇传略的标题都进行了精心设计,或以社会公认的传主角色定位为题,或以传主担任的主要领导职务为题,既新颖恰当,又十分贴切,特别引人入胜。例如上编中的《广州暴动主角——张太雷》《红军第一军军长——许继慎》《农运三杰之一——阮啸仙》《雄视赣东北的——方志敏》《青年运动领袖——恽代英》等,下编则包括《红军统帅——朱德》《中国列宁——毛泽东》《赤黄埔系领袖——周恩来》《理财专家——林祖涵》等。这不仅反映了编著者对红星们热情讴歌的赞美之情,而且更能吸引读者的眼球,激发阅读兴趣。

《中国的红星》是"以新闻体之浅近文言出之"。这在写法上,与斯诺的《红星照耀中国》相似。它突出每位"红星"的个性特色,文字生动活泼,或叙或议,都恰到好处,将各位"红星"都鲜活地展现在读者面前,具有极强的可读性。

其一,注重红星形象描写。如在《称霸洪湖的——段德昌》中,说段德昌"为人彬彬儒雅,容貌白皙,眉目秀丽,望之俨然一翩翩美少年也。若易以女装,混入裙钗队里,直足以乱真。见之者均以为不知谁家少年公子,绝对无人想及其为红军猛将者。"

在《青年运动领袖——恽代英》中，谓"恽之容貌，酷似朱执信，不特此也，即其性情行为，亦与朱执信相似，惟恽较为滑稽耳。"在描写恽代英演说和写作才能时，更是景仰不已。文中称，恽代英初到黄埔军校时，"一般学生见恽衣冠垢敝，貌不惊人，目为乡下土老儿，不愿聆彼之讲演。不意恽一上台讲演，即彩声四起。""恽在广东，因所负职务繁多，故其忙特甚……因此恽对于《向导》《中国青年》等规定之文章，常于午夜瞌睡之际，始奋其天才，振笔出之。又恽在如此忙碌之中，往往无暇整容，须发怒张，常如猬戟也"。在《红军统帅——朱德》中，认为"朱德颇似鲁迅，身材颀长，但并不胖，一典型将军风度也"。在《副总指挥——彭德怀》中，说彭德怀"身材魁梧，声若洪钟，其状望之宛若一农民"。这些朴实的文字白描，将传主形象栩栩如生地展现在读者面前，一下子就拉近了传主与读者之间的距离。

其二，注重红星细节描写。在《广东省委书记——邓中夏》中，称邓中夏"在写文章时，嗜吸纸烟，常于某晚为《中国青年》写稿，自七时半起至夜一时止，共吸去大仙女牌香烟九包，并且只用过一根火柴，一时共党中人，莫不引为趣谈"。在叙述恽代英立党为公的高贵品质时写到，他在主持武汉中央军校工作时，"兼职累累，为武汉政府重要红人之一，月入甚丰，除兼职不取薪外，月入亦有六百金以上。但恽每月只用三十元，其余尽缴共党，以作党费，其尽忠党务，有足多者"。在《新文化运动健将——萧楚女》中，在叙述到萧楚女与国家主义派作坚决斗争时写道："斯时也，敢于单枪匹马，与国家主义派大战者，即为萧楚女。敌人如何进攻，即如何反攻，左一篇文章，右一篇理论，不绝在《中国青年》上发表，将国家主义派骂得狗血喷头。笔诛不足，继以口骂，口骂不足，继以用武。某日，曾琦在徐家汇复旦中学演讲，适萧亦在，上台一拳，即将曾琦打倒，一时传为笑谈。从此一般国家主义派,对萧衍恨甚深,私赐以嘉名曰'共产瘟神'"。在《毛泽东的夫人——贺志珍》(贺志珍即贺子珍——笔者注)中,在叙述到长征时写道,"红军长征,步行二万五千里,"贺亦随军前进,在战场上曾受伤多次,身上被炸伤达念(廿的大写——笔者注)余处,满身血迹累累,受伤以后,先由人抬,继由人背,复换骡马驮,最后人马俱无,只得步行,而于此时,又产生一小孩,可谓受尽人世间之一切痛苦,然卒不死,而奋斗之火焰亦不稍退减。"读到这些细节,任何一个有正义感的读者都会为之动容。这些"红星"不忘初心,牢记使命,为共产主义理想奋斗的高尚品质和情操,是多么光彩照人!

其三,评价红星客观公允。编著者称,毛泽东是"中国的列宁","国共再度合作以后,随着抗战形势的展开,毛泽东之地位乃更见重要,成为全国人民心目中所属望之第二领袖"。并预料"不久将来,毛必为中枢重要人物也"。他评价朱德说:"惟自红军改编为第八路军,在朱德领导之下,参加西战场作战以来,捷报频传,其神出鬼没之游击战,使日军陷于极端困难之地位。""今后之朱德,恐尚须加一'民族英雄'之头衔也。"他认为,周恩来在西安事变中"为最活跃之人物,且为斡旋国共合作之最大功臣。国共再度合作后,周之地位,更为重要"。他指出,方志敏"对于农民运动,具有特殊天才,在大革命时代中,已露头角"。他是"赣东北苏维埃运动的创始者,曾任红军第十军军长,闽浙赣省苏维埃政府主席,固亦独霸一方之红军英雄也"。他强调,陈延年在留法勤工俭学时,就和赵世炎、李立三"被称为共党三杰"。"其为人刻苦耐劳,具有锐利的政治眼光,观察一切,异常正确,而办事手腕,尤有斯大林之风"。他评价汪寿华说:"汪天资聪慧……专门研究俄国共产党史的斗争经验与方法,灵活地配合到实际问题上的运用。如有人与之谈马克思列宁主义之类理论问题，汪常无何种意见发表，但如有人与之谈及实际中一些琐碎的困难问题，则汪即有良好之办法与主张"。如此等等，都比较中肯，对读者全面了解"红星"极有助益。

当然，囿于历史的局限性，《中国的红星》也存在许多不足之处。例如，将当时还健在的邵式平、李立三列入"过去的红星"中，显然不妥。又如，红军长征后，留在南方坚持三年游击战争的主要领导人是项英和陈毅等，陈毅被误为叶剑英。还有将向忠发、王明、张国焘也列入中国的红星，现在看来也很不恰当。他们三人，"晚节不忠，不足为训"。但笔者认为，对以上问题，不能苛求于林铁青。尤其是关于向忠发、王明、张国焘的问题，我们更应该本着历史唯物主义的精神去对待。

向忠发 1931 年 6 月 22 日在上海被国民党逮捕叛变，24 日即被枪杀，当时中共中央对其叛变并不知情。在他被杀害两个月后，中央苏区将 8 月 24 日至 30 日这一星期定为"向忠发纪念周"。1931 年 12 月出版的中共中央机关刊物《红旗周报》第 26 期，刊载了《叛徒顾顺章的悬赏启事》。其中写道："叛徒顾顺章叛变革命以后，即变成了蒋介石幕下的高等侦探，他的唯一工作，即同共产党奋斗。恽代英向忠发同志之死，都是他工作的成绩"。第 27 期还刊载了临时中央政府主席毛泽东、副主席张国焘、项英联名签发的《苏维埃临时中央政府人民委员会通命》，《通命》列举了顾顺章叛变的种种罪行，其中就有"不幸中共总书记向忠发同志"即在顾顺章的"布置中被捕遇难"。湘鄂西苏区和鄂豫皖苏区还相继召开了追悼向忠发大会。至于王明、张国焘，他俩这时仍在革命队伍中担任着重要领导职务。因此，将他们三人列入"红星"行列，也是可以理解的。

由此可见，《中国的红星》具有极高的新闻价值、文学价值和史学价值。它虽然出版于 80 年前，但在今天仍具有很强的感召力。而且，笔者在国家图书馆、中共一大旧址纪念馆等图书馆和文博单位均未查到此书。姜小平收藏的该书是不是孤本，尚不能简单得出结论，然而存世罕见却是事实。因此，笔者深感有将该书作为历史资料重印出版的必要。党中央历来重视中共党史的学习，特别是中共十八大以来，以习近平同志为核心的党中央更是强调党史是门必修课。他说："历史是最好的教科书。学习党史、国史，是坚持和发展中国特色社会主义、把党和国家各项事业继续推向前进的必修课，这门功课不仅必修，而且必须修好"①。"对我们共产党人来说，中国革命历史是最好的营养剂。多重温我们党领导人民进行革命的伟大历史，心中就会增添很多正能量"②。"要把革命烈士那些感人至深的文章、诗文、家书编辑成册，用于干部教育……让大家引为镜鉴、自觉自律"③。这集中体现了当前党中央对广大领导干部，特别是处以上领导干部的关爱和希望。而《中国的红星》，正是广大干部，尤其是全国青年学习中共党史、国史的不可多得的历史参考资料。

正因如此，笔者与姜小平当面谈了自己的想法。姜小平特别热心公益事业。他曾无偿地将自己收藏的200余册珍贵文献史料捐献给中国人民革命军事博物馆、天津周恩来邓颖超纪念馆、武汉大学档案馆和我国五大战区中的15个集团军军史馆等单位，被誉为"红色收藏家"。他目前正在筹建红色文献馆，准备将自

---

① 《习近平在中共中央政治局第七次集体学习时强调 在对历史的深入思考中更好走向未来 交出发展中国特色社会主义合格答卷》，《人民日报》2013年6月27日。
② 《习近平在调研指导河北省党的群众路线教育实践活动时强调 充分调动干部和群众积极性 保证教育实践活动善做善成》，《人民日报》2013年7月13日。
③ 习近平：《在全国党校工作会议上的讲话》，《求是》2016年第9期。

再版序言

已收藏的万余册红色文献资料集中展示出来，为实现中华民族伟大复兴的中国梦提供精神动力。当他听了笔者的想法后非常高兴。他说："收藏的一个重要功能就是服务社会，如果有出版单位愿意重印，我乐观其成。"于是，笔者便与人民出版社联系。人民出版社从责编到社领导，都热情支持重印出版该书，这使笔者感到十分欣慰。

为保持本书的原貌，笔者认为，对原文应一律照排，不作任何修改，只是对明显失误处作适当的注释。另外，为帮助读者更好地了解各位红星的全部历史，笔者依据中共中央两个历史决议的精神和参阅了中国中共党史人物研究会编的《中共党史人物传》丛书等资料，在各篇的后面写了简短的编后语。这样处理是否妥当，请各位方家和广大读者指正。

在《中国的红星》重印出版之际，写上这些话，是为序。

2018 年 8 月 16 日

1938 年编著者序

林轶青

　　中国之有红军，前后不过十年历史，但红星之活动，则已将近有二十年之久。此辈红星身世，各各不同，或则出身豪富之家，或则贫无立锥之地，然既经献身革命，则为主义而奋斗牺牲之精神，殆皆一致，而其结果之各各不同，尤足资为谈助。

　　今日国共两党，已尽捐前隙，携手合作，同为复兴民族而努力，然在过去分裂期内，互相磨擦，十年争斗，因而牺牲者颇不在少，复因"共党"二字，悬为例禁，书报刊物，检查綦严，故虽奋斗至勇，死事至烈，亦莫由漏泄于外。此辈皆一时俊彦，若听其身世湮没不彰，未免可惜，况禁之愈深，则欲知之心愈切，今日翘首延踵，欲知此辈红星身世者，又何止千万哉！

　　不佞追念过去，既珍国士，弥怀先烈，实不忍听令此辈毕生奋斗之红星，及身而没，英名不彰于世，用特摭拾旧闻，参考国内外秘密刊物，成此《红星》一书，一以振抗战之民气，一以餍读者之渴望，惜文笔过拙，实不足状此辈红星英勇之事迹于万一耳！

抑尤有进者：历史为最残酷无情之物，方国共分裂期内，一方为在朝之政党，一方为在野之贤豪，中间迭经争斗，其意志薄弱，认识错误，歆慕荣利，中途变节者，悉摒而不录。

方今国中大乱，人民死亡枕藉，其幸存者经济力亦陷于困窘地步，欲谋物质上粮食之充裕，不得不节省精神上之粮食，此实无可奈何之事。若以红星英勇奋斗之事迹，演为鱼龙漫衍之文章，虽数十万言，吾亦优为，然对于读者之购买力，则未免太不经济，故特以新闻体之浅近文言出之。此纯为读者着想，至于为毁为誉，固非不佞之所计也。

★

上编

过去的红星

中 ★ 国 ★ 的 ★ 红 ★ 星

广州暴动主角——张太雷

　　民国十六年冬天的广州暴动，以张太雷为要角，广州暴动后所成立之苏维埃政府，虽以苏兆征为主席，但苏当时实在上海，无论事前事后，均未参与，张太雷以中央委员兼广东省委书记的资格，实际领导了此次暴动，而且在苏维埃政府中，以人民海陆军委员代理了主席与人民委员会委员长，故张太雷可说是广州暴动中的第一要人。

　　然则张太雷究为何许人乎？其历史度必为读者所愿知。张出身于破落户家庭，① 当民国九年陈独秀李大钊等发起组织共产党，

---

① 张太雷 1898 年 6 月 17 日出生于江苏省武进县（现常州市）西门外西仓街外祖父薛锦元家里。

张首先加入，成为中国社会主义青年团中一员活动份子①。斯时中国共产党正准备第二次派学生赴莫斯科东方大学留学，（第一次为彭述之、华林、谢文锦、卜世畸等八人）张即要求前往，卒得如愿以偿②。

张太雷为一聪明好学之人，在东方大学内，成绩甚佳，颇得俄教授之赞许。民国十三年春，学成归国，时瞿秋白正任共党中央宣传部长，张回国以后，即由瞿召在中央宣传部任秘书。秘书之地位虽不甚高，然因供职中枢，平日所往来者，均中枢要人，故张太雷之名，在共产党内，乃渐为一般人所熟闻。

民国十四年一月，社会主义青年团在上海举行第四次全国大会，即在此次大会中，将中国社会主义青年团改为中国共产主义青年团，张太雷亦由共党中央指定参加，且当选为大会主席团之一，一方面复为少年共产国际代表居诺米诺夫斯基任翻译。大会选举结果，张获票最多，当选为 CY（青年团）中央委员。四次大会结束后，复开第四届第一次中央执行委员会全体会议，张太

---

① 1920 年底，中共北京早期党组织建立，由李大钊任书记，张国焘负责组织工作，罗章龙负责宣传工作。到 1921 年 7 月中共一大召开前，北京党组织的成员有李大钊、张国焘、邓中夏、罗章龙、刘仁静、高君宇、缪伯英、何孟雄、范鸿劼、张太雷、宋介、李梅羹、陈德荣等。他们大多是北京大学的进步师生。

② 1921 年 2 月，张太雷第一次奉命秘密前往苏俄伊尔库茨克共产国际远东书记处工作，是中共早期组织的第一个红色外交使者。

雷复被选为中央常务委员兼中央组织部长①，从此张乃成为CY之中枢要员。

其后不久，张太雷之CY中央组织部长一缺，为共党中央所撤销，而派其赴青岛指导工人运动。张抵青岛后，为时未几，又接共党中央电令调赴广东区委工作，任区委宣传部长。广东区委者，为广东省委之前身，而其职权及统辖范围，较省委为大，计有广东广西两省全部，南洋群岛全部，福建省之一部分。省委书记为陈独秀之子陈延年，而张太雷之宣传部长亦颇有地位。张除任区委宣传部长外，复兼任国民政府高等顾问鲍罗廷之翻译。

张太雷任区委宣传部长不及一年，以翻译事务繁多，党务无暇兼顾，乃由共党中央派甫自欧洲返国之任卓宣为广东区委宣传部长，而命张专任翻译，复以张原系CY中央委员，故又由CY中央委以就近指导CY广东区委之职。

民国十五年冬，国民政府与中央党部北迁武汉，鲍罗廷亦随往，但张太雷则仍留广州②。未几，广东清党事起，张太雷避往香港，仍秘密指挥党之工作。十六年五月以后，区委改为省委，

---

① 1925年1月，中国社会主义青年团在上海举行了第三次全国代表大会。大会总结了团的"二大"以来的工作，通过了组织问题、宣传煽动、团的教育及训练等决议案，决定把中国社会主义青年团改名为中国共产主义青年团。大会选举了新的中央执行委员会，张太雷、恽代英、任弼时、林育南、陈乔年等当选为中央执行委员和候补执行委员，张太雷任团中央总书记。1925年5月6日，党中央和团中央召开联席会议，决定派张太雷赴广州担任鲍罗廷的翻译兼助手，团中央书记由林育南接任，林育南未到职前，暂由任弼时代理。

② 1926年12月初，张太雷随鲍罗廷离开广州到武汉。1927年4月，党中央派张太雷接替张国焘任中共湖北区委书记。1927年4月27日至5月9日，党在武汉召开第五次全国代表大会，张太雷出席这次会议并当选为中央委员。5月中旬，中共湖北区委改组为中共湖北省委，张太雷为首任中共湖北省委书记。

原任省委书记陈延年早已调往上海，且已被捕成仁，故共党中央正式委张太雷为广东省委书记①。

八七会议以后，中国共产党开始走上一条错误的盲动主义路线，到处发动暴动，张太雷为主张暴动最力之一人。十六年十二月十一日广州暴动发生，张太雷任苏维埃政府人民海陆军委员兼代理主席。乃此项暴动，不出三日，即告消灭。当十二月十四日广东苏维埃政府及红军总司令部所在地之公安局被攻破之际，太雷偕赤色职工国际代表美国人勃拉坐汽车冲出，在维新路为敢死队掷手榴弹炸死，成为盲动主义路线下的牺牲者，美国人勃拉亦同时殉难②。

编后语：张太雷（1898—1927），中国共产党早期领导人和广州起义的主要领导者之一，著名革命英烈。1920 年 10 月创建天津社会主义青年团，1921 年 2 月第一次奉命出国，前往苏

---

① 1927 年 8 月 7 日，党中央在汉口召开了紧急会议，张太雷出席这次会议并当选为中央临时政治局候补委员。8 月 11 日，党中央为加强对广东、广西以及闽南等地区武装起义的领导，任命张国焘、周恩来、张太雷、彭湃、恽代英、黄平等筹组成立中共中央南方局，张国焘任书记，并调张太雷任广东省委书记。

② 1927 年 12 月 12 日，张太雷在广州主持召开工农兵热烈庆祝广州苏维埃政府成立大会，下午 2 时会议圆满结束。就在这时，一股敌人在帝国主义军舰的掩护下扑来了。张太雷立即与共产国际代表纽曼驱车前往战斗前线，察看敌情，指挥战斗。当他们驶至大北直街（现解放北路）附近时，遭到敌人伏击。张太雷身受重伤，医治无效，壮烈牺牲。但纽曼却奇迹般地脱险。

俄伊尔库茨克共产国际远东书记处工作，是中国共产党早期组织的第一个红色外交使者。在中国共产党创建和大革命时期历任要职，功勋卓著，殉职在广州起义的前线，是民主革命时期中共湖北省委牺牲的第一位省委书记。他是为新中国成立作出突出贡献的100位英雄模范人物之一。

贺龙的灵魂——周逸群

　　周逸群在红军中是一个有名的要角，他曾经做过红军第六军军长，第三路军总指挥，鄂西红军学校校长，第二集团军政治委员，中国苏维埃第一次全国代表大会时，他还当选了苏维埃政府的中央委员。他在初期的红军中，地位很高，朱德、彭德怀、贺龙、黄公略以下，就要数到他了。曾经称霸洪湖的段德昌，和一度雄踞川北的徐向前，当时还都是他的部下。但现在红军的首领中已再没有周逸群的名字了，周逸群到哪里去了呢？原来他已经死了。

　　周逸群原籍是湖南益阳，曾在长沙湖南第一师范肄业，和毛泽东同学，那时他的思想就很受毛泽东的影响。毛泽东在湖南组织马克思主义研究会，周逸群首先参加^①，但直到民国十五年，他在湖南共党中还没有任何地位。他于十三年下半年到广东，后来考入了黄埔军官学校第二期，那时候他早已加入共党^②，不过未露头角。在黄埔第二期同学中，他和余洒度、杨引之等同称活动份子，论能力学识，他也和余杨两人不相上下，但他的风头却比余杨两人健得多。

当时正是容共时代，共产党员在国民党内极为活动，周逸群是属于共产派的健将，共产派在校外有一个团体，名为"青年军人联合会"，是共产党吸收群众的外围团体，青年军人联合会的机关杂志"中国军人"，最初就是由周逸群主编。周最初在共产党内本无何种地位，自办青年军人联合会后，就成为黄埔方面的重要份子了。

周逸群在黄埔军校毕业以后，曾有一段时期，专在青年军人联合会工作^③，但不久即入政治训练部工作。其时军队政治训练尚未普遍推行，除黄埔军校外，仅第一军有政治部。当时政治工作之最高机关为军事委员会之政治训练部，主任为陈公博，部中重要职员全属共党，如秘书长为共党张其雄，而周则任宣传科科长，其阶级虽仅属中校，但以毕业不久之军校学生即能得中校阶

---

① 周逸群，祖籍湖北蒲圻县杨柳村周家园，清道光年间，其曾祖父周卓然举家迁往贵州省铜仁定居。1898 年 7 月 23 日，他出生于贵州省铜仁。（一说周逸群生于 1896 年 6 月 25 日）现说据《周逸群传记》作者姜之铮、唐承德考证。该著于 1987 年 10 月由河南人民出版社出版。因此，周逸群"和毛泽东同学""毛泽东在湖南组织马克思主义研究会，周逸群首先参加"等皆为不实之言。

② 1924 年 10 月，周逸群入黄埔军校后不久，经鲁易、吴明（陈公培）介绍加入中国共产党。

③ 1925 年 9 月，周逸群在黄埔军校毕业后，根据周恩来的安排，在军校任"青年军人联合会"主席，专职从事革命青年军人运动。

级，在黄埔第二期同学中，周已为阶级最高之一人矣。在国民党清党反共以前，军队中的政治工作，几全为共产党一手包办，主要人物固属周恩来，而张其雄周逸群，实为周恩来手下最得力的两条膀臂。张周两人在政治训练部内广植党羽，使政治工作为之全部赤化。

迨国民革命军总司令部成立，军委会之政治训练部取消，改为总司令部政治部，由邓演达任主任，宣传科长改由郭沫若担任，张周两人遂亦均脱离政治训练部。张其雄由刘文岛（任命）为第八军政治部秘书（长），未几又升为副主任，且兼前敌总指挥部政治部副主任。至于周逸群，则奉共党秘密命令，于北伐军克复长沙以前，即已秘密入湘，在湘西工作，运动当地杂色军队与土匪，而与贺龙之联络尤为成功。

及革命军底定湖南，湘西之杂色军队均告归诚，贺龙所部改编为第九军第一师，由贺任师长，共党以周联络贺龙有功，乃命周为贺师之政治主任，周乃朝夕追随贺龙，向之灌轮唯物史观马克思列宁主义等新知识。贺龙虽为一政治水准极低之绿林豪杰，但天资亦颇聪慧，在周之政治训练下，受其影响颇深。其后贺之加入共党①，参加红军，殆无不出于周逸群之力也。

不久，宁汉分裂，第九军队伍其时大部驻赣皖交界之处，其地势实接近南京政府，故第九军军长彭汉章等均归附宁方，独贺龙因与共党接近之故，乃脱离第九军，加入武汉方面。因第九军军部已在南京，武汉政府乃将第九军名义取消，将贺龙改为独立第五师，仍由贺任师长，周任政治部主任。独立师之范围较普遍师为大，贺龙乘机大加扩充，而大批共党亦由周经手引入，周之

---

① 贺龙是1927年参加南昌起义后在南征途中，经周逸群、谭平山介绍加入中国共产党的。

地位乃益见重要矣。

武汉政府于河南北伐之役，将贺龙所部之独立第五师编在第一纵队，第一纵队司令为张发奎，故贺龙于此时始与张发奎发生关系。张部素以左倾著，与贺气味颇相投，但武汉军队对贺部则颇为轻视，因其系绿林出身故也。贺思雪此耻，乃奋勇作战，逍遥镇宋庄之役，奉军精锐赵思臻所部即为贺龙所败，赵之坐轿亦为贺所得，贺即以之赠周逸群，故周此时大出风头。及北伐军班师武汉，张发奎既以功升任第二方面军总指挥，贺龙亦升为二十军军长，周乃由师政治部主任升为军政治部主任。其时共党在二十军成立军委，即以周任军委书记。

时武汉局面日非，共党知大局已难挽回，乃集中精力于第二方面军，在军中成立秘密之特别委员会，计划一切。委员共七人，即廖乾吾、叶挺、高语罕、周逸群、周士第等。此时之周逸群，乃成为第二方面军之红人。不特此也，当时第三国际指令共党组织纯粹由共党领导之军队，乃向贺龙贡献意见，组织二十军教导团，即以周兼任团长。贺龙之二十军，本只一二两师，至此始增一教导团，周本无兵，至此始有一团之实力，且此教导团之实力，较普通团大一倍，团中兵士，亦以共产份子居多，固纯粹共产党式之军队也。

其时二十军部队已陆续开赴鄂东下游一带，当时武汉反共已成决定，两湖共党纷纷逃避，而贺龙之二十军遂成共党集中之所，政治部所收容之共党，达三百七十余人，皆共党之干部也。七月下旬，共党之特别委员会已决定在九江或南昌暴动，树立新政权。终于八月一日实现南昌暴动，成立革命委员会。在革命委员会中，周逸群之地位甚为重要，盖周固不啻贺龙之灵魂也。

及贺叶军南下，进抵瑞金，因沿途收编土匪散兵，兵力扩大，周逸群之二十军教导团，乃扩充成师，是为二十军第三师，即由周任师长，并以著名之共党徐特立（按徐为留法出身，在共党内历史甚久，现尚在红军中），任第三师政治部主任①。其时周已辞二十军政治部主任兼职。革命委员会本有参谋团，为军事计划之最高决定机关，参谋为刘伯承（主任）、周恩来、叶挺、贺龙、朱德、蔡廷楷（锴）、周士第七人，及蔡廷楷（锴）在抚州中途遁去，乃以周补为参谋。

贺叶军进据潮汕后，即分兵把守，一面继续前进，留守潮汕者，即周逸群之第三师也。周以第三师师长之资格，兼任潮汕卫戍司令，设司令部于潮州西湖公园，当时周以一手掌握广东东江精华之潮汕两埠运命，风头之健，一时无两，即谓为其一生之黄金时代，亦不为过。惜此时代为时甚暂，周守潮汕至第四日，潮汕两埠即被桂军黄旭初同时攻破，周乃与潮州县长陈兴霖（亦共党，本为叶挺之政治部主任），仓卒宵遁赴港，所部第三师消灭殆尽。

周逸群逃至香港后，适贺龙亦逃至港，乃同返上海，复由共党中央之命令，派贺周等回湘西发动游击战争。贺龙接受命令后，乃于十七年一月念七日，由沪偕周逸群、陈叶平、陈恭、刘德先等共八人赴汉口，转入湘西，潜入贺之老家桑植，即在桑植大庸等地，开始组织红军，进行游击战争。

周逸群初随贺龙赴湘西时，仅任共党之党务工作，手中并无兵力，及贺龙攻陷鄂西各地，始分一部分兵力交周统率，乃成立红军第六军，即由周任军长，从此红军中，周逸群遂亦为要角之

① 徐特立为第三师党代表兼政治部主任。

一，此后且由军长升为总指挥①，兼任红军学校校长等要职，中苏第一次大会时，且被选为中委焉。

民国二十年秋间，周因某种错误，被共党撤职，调回赤都瑞金受训练，周之体质，本极羸弱，又因二十年春，曾在鄂西受伤，加以苏区给养缺乏，营养不良，回瑞金后，郁郁不乐，健康大损，未及多时，此名震一时之红军英雄，乃一病不起，与世长辞矣②。

编后语：周逸群（1898—1931），土地革命战争时期湘鄂西革命根据地党和红军的主要创始人，贺龙的亲密战友。称周逸群是贺龙的灵魂，反映了他俩的革命情谊的确非同一般。周逸群

---

① 1928年1月中旬，周逸群、贺龙根据中共湖北省委的要求，组成以周逸群为书记的中共鄂西南特委，前往荆江两岸领导年关暴动。7月上旬，湖北省委恢复鄂西特委，周逸群任书记。1929年8月，周逸群根据党的指示，将活跃在江（陵）、石（首）、监（利）、沔（阳）、华（容）等地的游击队整编为鄂西游击总队，周逸群任总队长兼党代表，段德昌任参谋长。同年12月，根据党中央的指示，鄂西游击总队扩编为中国工农红军中央独立第一师，段德昌任师长，周逸群任政治委员。1930年2月5日，中央独立第一师编为中国工农红军第六军，周逸群任政治委员，孙德清任军长。7月7日，贺龙领导的红四军更名为红二军，根据中共中央的指示，红二、六军合编为中国工农红军第二军团，贺龙任总指挥，周逸群任政治委员。

② 这段文字严重失实。1931年5月中旬，周逸群巡视检查华容等地的工作，并准备返回洪湖，向湘鄂西中央分局和特委汇报开辟特区工作的情况。在他返回洪湖根据地的途中，在岳阳贾家凉亭的王家屋场，遭到埋伏在那里的国民党军队袭击，在交战中，周逸群不幸中弹壮烈牺牲。

牺牲后，贺龙无限悲痛。他说："周逸群同志，不仅懂政治，而且也懂军事，是我们难得的全面人才。"他是为新中国成立作出突出贡献的100位英雄模范人物之一。

红军第一军军长——许继慎

　　许继慎为红军第一军军长，原名寿康，后以寿康名字颇有封建意味，乃改名继慎，（有人书作继盛实误）安徽寿县人，曾肄业于芜湖第四中学①。高语罕在安徽办工读团，许亦参加，此时受高语罕之陶冶，渐倾向于共产主义。后高语罕赴德国，临行时，即介绍许加入 SY，当时国民党在黄埔创办陆军军官学校，许即由共党之介绍，偕其寿县同乡王逸常、杨溥泉等，往黄埔投考，均考入军官学校第一期生。

---

① 　许继慎 1901 年出生于安徽省六安县土门店，1920 年考入安庆省立第一甲种工业学校，不久转入省立第一师范学校。

在黄埔军校第一期同学中，颇多英俊不凡之士，许继慎即为其中活动份子之一。许与蒋先云交厚，蒋先云者黄埔第一期学生中风头最健者也。其时共党在黄埔军校组织有支部，由共党派定三人，分任支部书记组织干事宣传干事以负责任，许为三人之一，任黄埔支部之组织干事，盖此时之许继慎，已成共党之干部矣。

十四年十月，第二次东征，许继慎在第一军任连长，连长之职位虽微，但其时军队不多，故黄埔生之任连长者，地位已不算低，其时黄埔第一期生之佼佼者，如曾扩情（清），蒋先云，胡宗南，均连长也。惠州之役，刘尧辰（第四团团长）阵亡，曾扩情（清）蒋先云均受伤，许亦受微伤，但不重要。

东征军克复汕头后，许继慎即调任政治工作，在第三师任团党代表。但未几，中山舰事变发生，军队政治工作人员，一概撤回广州派，在大佛寺高级政治训练班肄业，许亦同回广州，入高级训练班。

不久，北伐军出发，许继慎在总司令部服务，随军出发。许之在总司令部也，初任参谋处科员，其后代理作战科科长。长沙克复以后，许曾留长沙，办湖南总工会之工人武装纠察队，其时黄埔学生中之共党份子，调任工会纠察队与农民自卫军之训练员者甚多，如武汉克复后，蒋先云即任湖北总工会工人纠察队之总教练是（也）。

许继慎与蒋先云为第一期同学，均为共党份子，交情颇深。许在湖南总工会训练纠察队，蒋则在湖北总工会训练纠察队，但不久蒋即出任第十一军二十六师七十七团团长，出发河南北伐，阵亡于临颖（颍）十里头之役。蒋先云阵亡后，七十七团统率之人张发奎，（时任四军军长兼十一军军长）乃任许为七十七团团长，以继其好友蒋先云之职。①

但不久武汉即告反共，共党在南昌暴动，其时许继慎方率其七十七团由鄂城开赴九江，尚不知共党往南昌暴动消息，故毫无准备。一至九江，即被朱晖日（十一军军长）缴械，许乃逃上庐山，旋逃来上海，度其亡命生活②。

许逃至上海后，适谭平山组织第三党，许即加入，为第三党之重要干部③。第三党曾一度设立军事委员会，许即军委之一。嗣许鉴于第三党毫无出路，故在第三党徘徊经年之后，又退出第三党，复要求重回共党。其时周恩来在上海任共党中央组织部长兼中央军事部长及中央政治局常委，大权在握，许因与周恩来关系尚佳，以前颇得周之信任，故向周要求恢复党籍，周亦准如所请，从此许又重入共党矣。

民国十九年二月，许因周之关系，由周任为红军第一军军长，潜赴鄂豫皖苏区活动，许继慎之名，至此乃为人所知。

---

① 上述两段文字不实。1926 年 7 月，由中国共产党领导的国民革命军第四军叶挺独立团作为北伐军的先遣队于 7 月 12 日占领湖南浏阳后，党从广州派许继慎等 30 多名营、连、排干部补充到叶挺独立团工作，被任命为第二营营长，率部冲锋陷阵，在攻打汀泗桥、贺胜桥的战斗中屡建奇功。1926 年冬，国民革命军第四军扩建，叶挺任新建第二十五师副师长，独立团改编为该师第七十三团，许继慎任该团参谋长。1927 年春，叶挺调任第十一军副军长、第二十四师师长兼武汉卫戍司令。二十四师辖七十、七十一、七十二三个团，许继慎调任该师七十二团团长。1927 年 5 月 17 日，夏斗寅叛变，从宜昌进袭武汉，打到武昌纸坊、土地堂一带，武汉危殆。紧急关头，叶挺率七十二团和中央独立师奔赴前线，击退叛军，暂时保卫了武汉的安全。
② 许继慎在平息夏斗寅的战斗中身负重伤，毅然奔赴南昌，要求参加南昌起义。但前委书记周恩来决定，负伤者一律不参加南昌起义。许继慎便遵照党的指示乘车离开南昌，经九江转赴上海养伤。
③ 许继慎在上海养伤居住近两年，国民党和第三党都企图拉拢他、争取他。但许继慎立场坚定，不为所动。

　　许部之红军第一军，人数约一万三千，有枪七千支，出没于鄂豫皖边区，实力殊不弱，故影响亦甚大。但许出身小布尔乔亚家庭，意识颇为动摇，观其一度加入第三党，即可见其意识之一斑。迨任第一军军长后，以多年潦倒，一旦获居要职，故其所作所为，颇为部下不满，而该军之政治委员曹大靖①，尤极力反对之，故许曾受共党中央之严厉指斥。乃许受指斥后，毫不悔悟，反竟密谋向国军投降，经曹大靖（骏）发觉，密报共党中央，乃设法将许诱至黄陂苏区，将其枪毙②，许所部之第一军，乃交由旷继勋徐向前统率。

---

① 　应为曹大骏，时为红一军政治委员。
② 　这段文字严重失实。1931 年 8 月初，红四军收复湖北英山时，蒋介石手下的特务头子曾扩清利用和许继慎在黄埔军校的同学关系，派遣特务钟俊和钟海桥到英山找到许继慎。这两个特务带着曾扩清写的一封离间信，信中诡称由他转交的所谓许继慎投降蒋介石的计划，蒋已"批准照办"，蒋对许"乃复来归，虽犹千里，公实欢喜"等等。许继慎一眼看穿了敌人的阴谋诡计。他立场坚定，光明磊落，当即下令将两名特务逮捕，连人带信送到军部。军长徐向前和政委曾中生立即对特务进行审讯，戳穿了敌人施展的反间计。徐向前、曾中生根据许继慎的一贯表现，马上写出军部意见，明确指出，许继慎不会有问题，这封信完全是敌人利用各种阴谋来破坏我们的一个险恶手段，然后又将两个特务和"信件"及军部意见一并送到鄂豫皖中央分局处理。久想除掉许继慎的张国焘，根本不顾事实真相，不理军部意见。他把敌人信中捏造的情节和两个特务编造的口供作为"证据"，非法逮捕了鄂豫皖军委参谋主任李桂荣等人，严刑逼供，从而炮制出一个所谓"许继慎为首的反革命阴谋案"。1931 年 10 月，许继慎受到种种非人待遇之后，坚强不屈，在河南光山县白雀园被张国焘杀害。

编后语：许继慎（1901—1931），鄂豫皖苏区中国工农红军的高级指挥员、中国人民解放军军事家。他没有英勇牺牲在战场上，却倒在了党内残酷的"肃反"血泊中。在河南省光山县"白雀园大肃反"中，除许继慎外，还有一大批黄麻起义的领导人以及鄂豫皖苏区党和红军的创始人，也都惨遭杀害，共计有军级干部17人，师级干部35人，团级干部44人，造成了重大的历史悲剧，给党的革命事业造成了严重危害。他是为新中国成立作出突出贡献的100位英雄模范人物之一。

与彭德怀齐名的——黄公略

　　黄公略为湘中世家，加入共党甚早[①]，民国十五年北伐军入湘，黄充唐生智部连长；转战鄂豫，积功至营长，隶李品仙部彭德怀团。彭德怀之加入共产党，即由黄介绍，故彭黄两人，感情至笃。十六年回驻湘东，时正值马日事变以后，湘东为毛泽东多年经营之根据地，平江、浏阳、萍乡、株洲、安源、醴陵等地，工农久受共党宣传影响，有组织完备之工农红军六七千，枪三千支，彭黄一至湘东，即与当地之共党及红军联合，成为湘东一大势力。

　　十七年，彭德怀驻防平江，黄公略拨归彭指挥，驻平江县属

---

① 黄公略 1898 年 1 月 24 日生于湖南省湘乡县，1924 年参加中国社会主义青年团，1928 年 1 月经段德昌的介绍加入中国共产党。

之长寿街，当时全国军队有编遣消息，彭黄恐被遣散，遂于十七年八月发动兵变，窜至袁州，经张辉瓒部追击，乃由袁州安福转战而至井岗（冈）山，与朱德毛泽东会合，号红军第五军，彭任军长，黄任副军长。

十八年一月，国军围攻井岗（冈）山，朱毛彭黄困于粮食之接济，遂计划突围而出，后因伤病太多，恐行动受牵掣，乃决定由彭黄守山。彭黄守至四月中，井岗（冈）山卒为国军攻破，彭德怀只身脱逃，黄公略则潜居深山中月余，始得逸出，与李灿会合。

其后，红军声势复振，朱德毛泽东既在闽西先后战胜郭凤鸣陈国辉等旅及张贞师，彭德怀黄公略复收编唐云山部下之第二团及孔荷宠部，更乘何键之敝，攻陷长沙，于是朱毛彭黄之名，轰传遐迩，人且称之为红军中之四大天王焉。

十九年七月念七日，红军攻陷长沙，八月十一始退出。红军虽退出长沙，但犹环东南北三面，昼夜进攻。彭德怀为红军总司令，黄公略为总指挥，专负攻城之责。黄虽勇敢过人，然因所部红军，颇多毫无枪械之梭镖队，无法抵御机关枪之扫射，虽曾有一次冲破战壕，但阻于电网，仍为机关枪击退。黄知堑壕战不能取胜，电网尤为难破，乃下令征集耕牛一万，效学田单火牛阵故智，沃油牛尾，火而纵之，一时万牛齐发，势如山崩，守兵出其不意，惊慌失措，黄即在牛后驱军前进。乃当时守长沙者，为陈光中，亦颇有智谋，急下令放弃战壕，退据电网后，集中机枪扫射。牛群虽冲过战壕，但无不毙于电网，红军之乘其后者，亦为机枪射回，黄计乃不获逞。

红军攻长沙六十余日不克，时湘军陆续集中，从湘阴醴陵长沙三面反攻，逼彭共入赣西。彭黄自入赣西后，即称霸于袁修二江流域，破万载，围吉安，即朱德毛泽东之兵力，对之亦有逊色。及三攻吉安不克，二次围剿时，依俄国顾问计划，越赣江，以瑞金会昌宁都云都兴国南城为根据地，建立苏维埃政府，于是黄公略之名乃大著。

黄公略在红军中以善战著称，号称无敌，且擅长战略，每以少数红军埋伏，诱国军深入而狙击之，屡奏奇效。及三次围剿开始，十九路军自赣州入永丰，迳趋红军总兵站所在之龙岗，黄当时正率第三军团红军五千，欲向十九路军狙击，不意此时吴其伟军自乐安南趋东固，而周浑元师又自宜黄南进黄陂，（非湖北之黄陂）红军三面受敌，不及援黄，黄乃以五千人与十九路军二万人遭遇于高兴圩，是为有名的高兴圩战役。勇敢善战之黄公略，不幸竟于此一役阵亡①。黄公略之死，实为红军一大损失。红军为纪念黄公略起见，改东固为公略县②，而以其残部并入彭德怀部。

编后语：黄公略（1898—1931），土地革命战争时期中国工农红军的杰出将领，中国人民解放军军事家，1928年7月23日与彭德怀、滕代远领导著名的平江起义，是湘鄂赣革命根据地的创始人之一。在中央根据地三次反"围剿"的战斗中屡建奇功。为纪念黄公略，1931年11月中华苏维埃共和国临时中央政府成

① 1931年9月15日，黄公略率红三军路经东固附近的六渡坳时，突遭敌机袭击，不幸中弹牺牲。
② 公略县成立当天，召开了追悼黄公略大会。会场主席台两侧悬挂的挽联上写道："广州暴动不死，平江暴动不死，而今竟牺牲，堪恨大祸从天落；革命战争有功，游击战争有功，毕生何奋勇，好教后世继君来。"见方大铭等：《黄公略》，载中共党史人物会编：《中共党史人物传》第二十三卷。

立后，在其牺牲地和瑞金叶坪修建了"公略亭"，将红军步兵学校命名为"公略步兵学校"，并划吉安、吉水两县红色区域，成立了"公略县"。他是为新中国成立作出突出贡献的100位英雄模范人物之一。

红军三十六师师长——刘英

　　刘英为山东掖县自沙乡人①，身材雄壮，两目炯炯有神，面圆而胖，高鼻阔口，发言吐语，均带山东腔调，一望而知为一典型的山东佬也。

　　刘英出身为破产的中农，父亲系一农夫。刘英幼年时代，家中尚差堪温饱，故亦曾一度入高等小学读书。后因母亲故世，家中负债累累，不得已脱离学校，随其父下田工作。不久，其父亦不胜忧愁与债主之压迫，贫病交困而死。刘时年方十五六岁，伶仃孤苦，随处混饭糊口，尝操学徒长工等贱役，后随人往门头沟

---

①　刘英，原名马宗显，曾用名马尔塞夫、张英，1902 年 1 月 20 日生于山东潍坊（今潍坊市寒亭区）双杨镇马家村。

作磺工，即于此时加入共产党①。

民国十五年夏②，刘英被共党中央派送莫斯科留学。刘抵俄后，中共代表团以其为产业工人，身材雄壮，兼之出身无产阶级，认为系可造之材，遂决定先令刘入军事学校步兵科，步兵科毕业后，又转入骑兵科学习，其所以昔（悉）心陶育之者，至深且厚，目的固在为党效用也。

刘英留俄时间较久，俄文与英语均颇有根柢（底），在骑兵科毕业后，又受几个月游击战术的专门训练，于是乃成为军人中难得的全才。

民国十八年冬③，刘英由俄回国，被派往平汉路南段武胜关广水杨家寨一带活动，任务为"组织游击队，发动地方暴动，帮助红军暴动"。刘颇有活动能力，兼得共党之助，至十九年夏季，所部已有三四百人，在王家店长轩岭研冈杨店一带，出没无常，实现其游击队工作。

时贺龙在鄂西鹤峰湘西大庸桑植等地失败，渡江北窜洪湖，以之作为根据地，并经常向鄂中鄂西一带出击；同时徐向前旷继勋亦已进入鄂豫皖苏区。刘英即在此二苏区之间，往来游击。后奉中共中央军事委员会命令，着将所部向潜江沔阳洪湖一带移动，与红军第二方面军第二军团（总指挥为贺龙，总政委为关向应）汇合。当时刘英所率领的游击队，已扩至一千余人，有枪六七百支。

刘英率部与贺龙汇合后，即被改编为第三十六师，以刘为师长，其任务为向鄂豫皖苏区前进，打通洪湖苏区与鄂豫皖苏区，

---

① 刘英1926年11月7日加入中国共产党。
② 应为民国十四年夏。刘英先分配到中共中央保卫部工作，后奉命在鄂豫边区开展游击战争。
③ 应为民国十七年。

并取得军事上的联络。应山，德安（现湖北安陆市），应城，京山等地的零星游击队，刘英均与之互通声气，在零星游击队的帮助下，刘英遂经常往来于洪湖苏区与鄂豫皖苏区之间，作军事的交通。

后洪湖苏区为国军所攻破，贺龙率所部回窜湘西，刘英的第三十六师，突由应城孝感将平汉路横断，进入鄂豫皖苏区。刘于作战时常身先士卒，在枪林弹雨中奔驰逐突，毫不畏死，以战功升为红军第六军副军长，并军事委员会委员，成为中共主要的军事干部。

但当刘英所部进入鄂豫皖苏区时，该区首府所在地金家寨早已失守，旷继勋、徐向前等亦率主力部队循平汉路南下，两部汇合，数及三万余。时驻守黄陂之国军仅有八十八师五二七团一团，两部红军遂将其团团围困，全部解决。此次战争，红军方面先头部队即为刘英，刘在此数度恶战之中，右颈、头部、腿部均被子弹串伤，可想见其作战之猛烈。

刘英受伤后，虽非致命，但已不能随众作战。当时徐向前陈昌浩旷继勋等红军巨头，对刘英之伤，慰勉有加，并命稍事休养，能行动时，即出苏区，赴汉口就医。刘由红军军医医治十余日，伤势稍痊，已能行动，惟红军中缺乏药物，不得已，乃化装商人模样，混出苏区，抵花园车站时，因无良民证，被国军护路部队捕获，解往司令部。

刘英为人机警，被捕后，自知不过小有共嫌，无关紧要，故态度极为从容，自称名于伍，做小本生意，经数度审问，均毫无破绽，本已有开释之望。不幸与刘同拘留于一起者，乃有一认识刘之红军士兵，所犯共嫌极大，思脱法网，竟将刘指出，刘初尚思不认，经该兵指出伤处后，无法抵赖，乃狂笑高歌，坦然饮弹而死。

编后语：刘英（1902—1932），革命英烈。1928 年回国后，他先分配至中共中央保卫部工作，负责保卫周恩来安全。次年被周恩来派往山东，协助党组织铲除叛徒，有"伍豪之剑"之美称。被叛徒出卖后，面对死亡，"狂笑高歌"，英勇不屈，表现了为共产主义理想奋斗的坚定信念。1987 年 6 月，徐向前为刘英烈士题写碑文："赤胆忠心，刘英烈士千古！"

毛泽东的胞弟———毛泽潭[①]

　　毛泽潭，为红军领袖毛泽东之同胞兄弟，毛氏兄弟共三人，泽东居长，泽民次之，泽潭最小。泽潭容貌与泽东酷似，惟身材较瘦，脸盘较长，皮肤亦较白皙，此为唯一不同之处。

　　毛泽潭之加入共产党，在民国十二年。十三年，即被派往江西萍乡安源矿山作工，在工人合作社为小职员。泽潭心雄志大，颇不惯于此种小职员生活，故为时未几，即私自离开安源，逃回长沙。此种行为，违反共党纪律，本应开除党籍，惟因泽东关系，乃仅给予警告了事。

　　时夏曦正任共党湖南区委农民部长，乃请泽潭为干事，从事农民运动，在长沙湘潭湘乡实庆岳州醴陵等处，考察农民生活，

---

① 应为毛泽覃，1905年生。

28

成绩颇为不弱。

是年十一月间，毛泽东因脑病回湖南原籍休养，乃派泽潭往上海，参加上海地委工作。泽潭抵沪后，即由上海地委分配往浦东部委作工人运动。此种工作，对于泽潭志趣，颇为不合。时广东革命空气甚为浓厚，泽潭对于广州，久已心焉向往，适其长兄泽东由共党中央派往广州，任国民党中央宣传部长之职，泽潭乃向上海负责人要求派往广州。此项要求，得上海负责人之许可，而泽潭乃得如愿以偿。

毛泽潭抵广州后，即以党的组织关系往访广东区委（即省委）陈延年。陈问其以前曾做何种工作，泽潭因心厌工运，乃以农运对，陈遂派其往广东省农民协会工作。时农民协会负责人为罗绮园阮啸仙彭湃三人，因泽潭为泽东之弟，颇为优待，惟泽潭终觉郁郁不得志，盖其志趣固别有所在，乃思手握兵权，当叱咤风云之任也。

不久，武汉克复，政府北迁，政治中心移至武汉，毛泽东亦在武汉任共党中央农民部长及国民党中央农民运动讲习所长，声势颇为喧（煊）赫。泽潭在农会本无若何工作，目睹北伐军事进展，颇思活动一军官职位，一遂其梦想多时之宿（夙）愿，乃要求赴武汉工作，得罗绮园之允许，畀介绍书使其赴汉。泽潭抵汉后，不意共党中央因其为泽东之弟，乃派其在泽东之农民讲习所内工作，泽潭素惧兄，至此毫无办法，惟仍暗中活动，要求派往军队工作甚力，后果得调至第四军政治部任上尉书记，职位虽小，但泽潭以多时辛苦，方始待之，亦颇觉心满意足矣。

但泽潭之运殊不佳，盖其时武汉反共，第四军政治部即告解散也。泽潭时方由武汉至九江，闻政治部已解散，共党已在南昌暴动，即欲赴南昌参加，而南浔路已中断，无奈，只得越铁路追往抚州。但尚未到达抚州，即为贺龙步（部）哨兵所捕获，解往抚州，盖疑其为武汉方面之谍探矣。及至抚州，知是泽潭，乃释之，且命其在叶挺之十一军政治部服务。

贺叶南征军在潮汕失败后，毛泽潭由汕头逃至上海①，不久，其兄泽东组织工农红军第一师，以井岗（冈）为根据地，泽潭乃辗转入苏区，初在朱德之第四军中任军需员，其后调任营党代表特务队队长等职。

民国十九年，苏区内部发生 AB 团反革命之富田事件，毛泽东乃提议组织政治保卫师，即以泽潭任师长，其后又选兼各要职，加边区特委，肃反委员等，在红军中之地位，日见重要②。

民国廿三年，国军五次围剿苏区，毛泽潭率众抗拒甚烈，广昌之役，竟阵亡于战场之上③，红军中人，莫不悼惜，盖以其英勇与胆力均过人也。

---

① 南昌起义部队在广东潮州、汕头失败后，毛泽覃又随一部分队伍转移至饶平，与朱德、陈毅率领的从三河坝撤下来的部队会合，在朱德、陈毅的领导下，转战到湘粤赣三省交界的大庾、汝城、韶关一带山区。在这里，得知毛泽东率领秋收起义的部队走上井冈山的消息，朱德很高兴，当即派毛泽覃去井冈山联络，为朱毛会师井冈山作出了重大贡献。

② 毛泽覃上井冈山以后，1928 年春跟随毛泽东率领的中国工农革命军参加了攻占遂川县城的战斗，随后任遂川县委委员和县游击大队党代表。1928 年底，任赣西南特委委员、东固区委书记等职。1933 年初，中共临时中央从上海迁到瑞金，不久便开展反对"罗明路线"的斗争。时为苏区中央局的毛泽覃与邓小平（会昌、寻邬、安远中心县委书记）、谢维俊（江西省军区参谋长、乐安中心县委书记）、古柏（总前委秘书长）遭到错误批判。

③ 第五次反"围剿"失败后，1934 年 10 月，红军主力被迫长征，毛泽覃留在中央苏区坚持游击战争，担任中央苏区分局委员和红军独立师师长。1935 年 4 月 25 日，在江西瑞金县红林与敌作战中英勇牺牲。

编后语：毛泽覃（1905—1935），革命先烈。他是朱德、毛泽东井冈山会师的牵线人，为中央革命根据地的创建、巩固和发展作出了重要贡献。他坚持实事求是的思想路线，支持其兄毛泽东开创的中国特色的革命道路，受到王明"左"倾教条主义者的错误打击，是毛泽东亲属中继毛泽建（1929）、杨开慧（1930）之后第三位牺牲的烈士。他是为新中国成立作出突出贡献的100位英雄模范人物之一。

农运三杰之一——阮啸仙

　　阮啸仙，原名福康，因福康名字有封建气味，故弃而不用，易名啸仙、广东惠来人①，先在汕头某中学读书，后到北京入大学，五四运动火烧赵家楼有名的历史喜剧中，阮亦参加在内。此时中国已渐渐有人研究马克思主义，阮即其中之一人，后陈独秀等组织马克思学会，阮首先参加，中国社会主义青年团在上海开成立大会时，阮亦为会员之一，且当选为委员。在中国，先有社会主义青年团，然后有共产党②，故阮在共产党内之历史，实较任何人为早。

---

① 阮啸仙 1897 年 8 月 17 日生于广东省河源县义合区下屯村。

② 1918 年秋，阮啸仙考入广州甲种工业学校，1919 年积极投身五四运动，认真学习包括马克思主义在内的各种新思想，1920 年 8 月在广州创建中国社会主义青年团，1921 年春加入中共广州早期组织。

凡谈中国农民运动历史者，莫不以广东为发轫，而谈广东农民运动者，又莫不知广东农运之三杰——罗绮园，彭湃，阮啸仙。此三人中，以阮资格为最老，当阮开始在广东作农民运动时，彭湃尚在海丰做教育局长，没有加入共产党。

当时正属国共合作时代，国民党中央尚在广州，中央农民部长为廖仲恺，阮啸仙罗绮园彭湃三人均在中央农民部任职①，罗为秘书，彭为干事兼东江特派员，阮则为干事兼西江特派员，西江的农民运动，可说为阮一人所开发。廖仲恺逝世后，中央农民部长由林祖涵继任，林亦为共产党，故阮罗彭三人照常供职。及陈公博长农民部后，亦仍服务如常。直至中央迁往武汉，阮罗二人，始与中央农民部脱离关系。

阮啸仙为广东农民运动之重要领袖，同时亦为广东共党重要领袖之一②，及中央党部于十五年十二月初迁往武汉③，阮虽为中央农民部干事，但不能离开广东，故未随中央北迁，乃向中央辞职，仍留广东领导农民运动。十六年四月十五日，广东清党，所有共党之未被捕者，均极端秘密，阮亦留广东任秘密工作如故。唯其时省农民协会已被封闭，阮则在广东任共党省委农民部长，于暗中秘密进行反对国民党之农民暴动。

民国十七年，阮啸仙赴莫斯科，出席共党第六次全国代表大会④。会毕返国，即派赴江西，任共党江西省委书记，阮妻高

---

① 阮啸仙是广州农民运动讲习所第一至第六届的教员和第三届农讲所的主任。

② 1922 年，阮啸仙任青年团两广区委书记，1923 年出席中共"三大"，后任中共两广区委委员、农委书记。

③ 1927 年 4 月 27 日至 5 月 9 日，中国共产党第五次全国代表大会在武汉召开，阮啸仙出席这次会议并当选为中共中央委员，并任中共广东省委组织部长。

④ 阮啸仙没有参加中共"六大"，仍留在广东省委工作，但党的"六大"仍选举阮啸仙为中央审查委员会委员。

恬波亦偕往，任省委交通。但阮高至江西不久，省委机关即告破坏，阮妻高恬波被捕，旋即枪决，幸阮本人适于是日起程赴上海向中央接洽，得脱于难。

阮啸仙自江西省委破坏后不久，即由共党中央派往河南，任河南省委①。但阮至开封不久，因人地不宜，即由共党中央调回，转赴苏区，盖苏区以农民为主，而阮则农运健将也。但阮之调赴苏区，主要原因，实由于毛泽东之请求，因毛与阮同属农运中人，感情极佳之故。

民国念三年一月，中华苏维埃第二次全国代表大会在瑞金举行，阮啸仙当选为中苏中央执行委员兼中华苏维埃中央审计委员会主席，其地位乃日见重要。

念三年冬，红军开始长征，突围西上，所有中华苏维埃政府要人，均随军前赴西北一带，阮啸仙因故未能偕往，仍留于赣南苏区中②。念四年三月初旬，国军进攻赣南，阮率部抗御，不幸阵亡，从此红军英雄，乃又弱一个矣。

编后语：阮啸仙（1897—1935），中国共产党早期领导人之一，革命英烈。中国社会主义青年团广州地委书记并代粤区执委会书记，中共五大、六大中央委员。曾任中共赣南省委书记、赣南军区政治委员。陈毅获悉阮啸仙、贺昌牺牲噩耗后，怀着对

---

① 阮啸仙没有到河南。1930 年冬，党中央派阮啸仙到东北、内蒙古等地活动，参加中共辽宁省委的领导工作。

② 1934 年主力红军长征后，阮啸仙留在苏区坚持游击战争，任中共赣南省委书记兼赣南军区政委。1935 年 3 月 6 日在马岭突围战斗中牺牲。

战友的深厚情谊，写了《哭阮啸仙、贺昌同志》："环顾同志中，阮贺足称贤。阮誉传岭表，贺名播幽燕。审计呕心血，主政见威严。哀哉同突围，独我得生全。"他是为新中国成立作出突出贡献的 100 位英雄模范人物之一。

政治委员——刘伯坚

　　刘伯坚，字润吾，原籍河南，（一说山东[①]）曾在北京某大学肄业[②]，为人颇忠厚，富有书生本色，加入共党亦最早，共党在上海开第一次全国代表大会时，刘已加入[③]，系由张国焘等介绍，故刘在共产党亦为一极有历史之老党员。远在民国十三年以前，共党成立不久之际，刘即由共党中央派赴莫斯科，留学于东方大

---

① 刘伯坚，1895年1月9日生于四川平昌龙寺。
② 应为成都高等师范学堂肄业。
③ 1920年6月25日，刘伯坚等从上海乘轮船赴法勤工俭学。1922年6月下旬，在法国巴黎召开了旅欧"中国少年共产党"第一次代表大会，周恩来、赵世炎、刘伯坚、陈延年、李富春、李维汉、聂荣臻、王若飞等18人出席。大会选举赵世炎为总支书记，周恩来为宣传委员，李维汉为组织委员。同年8月，根据中共中央决定，成立中国共产党旅欧支部，参加"少共"的共产党员正式转为中国共产党党员。

学。刘于东方大学毕业以后，复被派至陆军大学肄业，因其为人忠厚易与之故，当其在莫斯科时，殊不为人所注意。

刘伯坚自俄回国以后，初至上海，上海共党中央以刘为北方人，且曾习军事，乃派刘赴陕西国民第三军孙岳部中工作，盖其时国民一二三军中，惟孙岳之第三军与共党最为接近：共党乃派大批干部前往工作，而刘与安体诚，实为派往国民三军之共党领袖。刘与安体诚同往西安，安体诚主持国民第三军俱乐都，藉俱乐部以吸收三军将领加入共党，刘则任第三军教育处处长。刘之赴陕西参加国民第三军工作，为彼与西北军发生关系之始。刘在国民三军工作不久，即辗转入国民一军冯玉祥部，冯之总司令部亦设有总政治部，总政治部主任即刘伯坚也。因其时冯一则欲得共党之助，二则以刘为人忠厚易与，且坚（艰）苦耐劳，为冯所赏识，故任以总政治部主任一职。

民国十六年六月，冯玉祥军队与武汉军队会师郑州，其时冯在表面上尚与武汉政府敷衍，迨武汉军队南返，冯乃宣布反共，冯本人所部共党一律驱逐，惟对于刘伯坚，则劝其脱离共党。但刘对共产主义信仰甚坚，毫不为动，毅然与冯玉祥脱离，只身来沪。当时冯尚亲往劝刘，刘感其意，曾允其保留私人友谊如故。

刘伯坚脱离冯部后，即来上海，在上海小住，仍由中共中央派赴莫斯科，出席共党第六次全国代表大会。大会闭幕以后，刘仍留在莫斯科，在陆军大学继续研究军事学，其间曾一度派往满洲里及蒙古库伦一带工作。

刘伯坚再度回国[①]，即由中共中央派赴江西苏区任红军政治委员，以刘本为政治工作人员出身也。不久即升任为军团总政治委员。廿三年一月，中苏第二次大会在瑞金召集，刘亦当选为中

---

① 1930年秋，刘伯坚从莫斯科回国。

苏中央执行委员①，其时共党亦开五中全会，刘被补充为共党中央候补委员，此时刘已为中共及中华苏维埃政府之中枢要员矣。刘在苏区，除任共党及中央政府要员外，复兼任中央革命军事委员会候补委员，军事教育部部长，列宁大学副校长，红军第一军团总政治委员等要职。

念三年冬，红军开始长征，但仍留叶剑英等一部于赣南苏区②，并在江西设有共党中央驻赣办事处，以陈毅为主任，刘伯坚为副主任③。念四年三月初旬，国军进攻苏区，刘与贺昌及阮啸仙，均阵亡于此役焉④。

编后语：刘伯坚（1895—1935），中国共产党旅欧支部的创始人之一，革命英烈。1921年与周恩来领导发起组织中国少年共产党，1922年转为中共党员，1928年被派往苏联学习军事，出席中共六大，1931年底参与领导宁都起义，1935年3月率部队突围时不幸负伤被捕，1935年3月21日壮烈牺牲。刘伯坚曾任国民革命军第二集团军政治部副部长、苏区工农红军学校政治

---

① 1931年11月7日，在江西瑞金召开第一次全国工农兵代表大会，刘伯坚出席会议并当选为中华苏维埃共和国中央执行委员会委员。

② 应是陈毅，叶剑英参加了长征，任军委第一纵队司令员。

③ 1934年10月红军长征前，中共中央政治局常委决定在苏区成立中央分局和中央政府办事处。中央分局由项英、陈毅、贺昌、瞿秋白、陈潭秋等组成，项英任书记，组织部长陈潭秋，宣传部长瞿秋白。中央政府办事处主任陈毅、副主任梁柏台。刘伯坚为赣南军区政治部主任。

④ 1933年3月4日，刘伯坚在率部突围时身中数弹，左腿负伤，不幸被俘，在敌人的监狱里英勇不屈，于21日被枪杀。

部主任、红 5 军团政治部主任、中革军委总政治部宣传部副部长等职，写有《带镣行》《移狱》《狱中月夜》等诗歌，充分表达了他为崇高理想而奋斗的坚定信念。他是为新中国成立作出突出贡献的 100 位英雄模范人物之一。

朱德的谋士——贺昌

贺昌，山西汾阳人①，北京大学出身。在北大未卒业，即
赴俄。贺加入共党极早，中国社会主义青年团初成立时，即已
加入②。加入青年团不久，得团中指派，往莫斯科东方大学肄业。
时中国共产党赴俄者尚不多，贺为第二期生，实可谓中国留俄学
生中之前辈。

民国十三年，贺昌从莫斯科回国，即在上海的社会主义青年
团任干事。十四年春，社会主义青年团（SY）改称共产主义青
年团（CY），开第四次代表大会，贺当选为委员，复由 CY 中央

---

① 贺昌 1906 年 1 月 19 日生于山西省离石县柳林镇。

② 1921 年 5 月，太原社会主义青年团宣告成立，成员有高君宇、王振翼、贺
昌、李毓棠、武灵初、高成哲、梁振、姚锌 8 人。1923 年 7 月，贺昌由青
年团员转为共产党员。

派在上海地委任组织部长，为上海方面最高负责人之一①，在其直接领导下，有好几个重要的工厂支部，特别是几个纱厂支部，商务印书馆支部，店员支部等。五卅运动中，贺实为最重要的活动份子之一，惟因其专任内部工作，故外间知者不多。

十四年冬，莫斯科成立中山大学，贺乃第二次赴俄②，肄业于中大。中山大学所收学生，以共产党新进份子为多，任负责工作者极少，贺即极少数中之一人。贺之第二次赴俄，其主要原因，系在上海与 CY 中央负责人庄文恭发生冲突，共党为调解计，乃命贺赴俄，故其目的未在求学也。贺在俄颇郁郁不乐，自以已为留俄学生前辈，且任负责工作，今竟重来作学生，实觉惭愧，故留俄不过半载，十五年夏，即返国。初至上海③，时间极短，即由共党派赴两湖，为 CY 之两湖特派员④。其时北伐军方在两湖作战，两湖工作颇为重要，故贺欣然领命前往，意欲一展其长才。初到武汉，旋到长沙湘潭岳阳常德大冶宜昌等处巡视，一时风头甚健，回忆半年前在莫斯科作学生时之受气情形，恍若有霄壤之别。

贺昌为一喜欢实际活动的人物，心粗气浮，脾气至为躁烈，故常与他人发生冲突。当其在莫斯科东方大学肄业时，即曾与东大自命为风雅诗人之蒋光赤反目，将蒋鼻梁打坏，眼镜打碎，迨抵上海后，又与 CY 中央负责人庄文恭冲突，任两湖特派员后，

---

① 1925 年春，团中央在上海召开第三次全国代表大会。贺昌出席这次大会并当选为团中央委员，任团中央工农部长。
② 1924 年 7 月 15 日至 25 日，青年共产国际第四次代表大会在莫斯科召开，贺昌代表中国共产主义青年团出席这次会议。
③ 贺昌在上海参加了三次武装起义。
④ 1927 年，贺昌为中国共产主义青年团湖北省委书记，同年 4 月 27 日至 5 月 9 日，中共"五大"在武汉召开，贺昌出席这次会议并当选为中央委员。

又与共党湖北省委书记张国焘发生冲突闻矣，以组织系统而论，贺为 CY 两湖特派员，张为共党湖北省委书记①，贺应受张之指挥，但贺此时正志得意满，竟毫不以张为意，且讥张为老朽昏庸份子，以致贺张之间，冲突极烈，且因贺张两人意气之争，影响及于两湖共产党与共产主义青年团之关系。此时共党中央方由沪迁至武汉，陈独秀以贺张冲突，影响整个工作之进行，乃将贺之 CY 两湖特派员工作撤销，派在共党中央秘书处任干事，继调共党中央军部任干事。时共党中央军部部长为周恩来，贺乃在周部下工作。

武汉反共，共党纷纷集中南昌，贺昌亦与焉。八一南昌暴动发生，贺亦参加，其后贺龙叶挺军队南征，贺昌亦随军南下，初任共党前敌委员会干事，并未有公开任务，及至上杭，乃调任革命委员会总政治部宣传处处长。其时政治部主任为郭沫若，亦为个性极强之人，与贺相处，乃时起纠纷。因两人时常冲突之故，周恩来拟将贺调回，在参谋团供职，但此项计划尚未实现，贺叶军已在潮汕，全军覆没，共党纷纷避往香港。贺为最早避往香港之一人，其时因共党避港者极少，且颇多重要份子，故共党广东省委，特在香港设招待处，即派贺为招待主任②。其后招待处结束，贺乃回上海，在共党中央工作。

时共党中央总书记一职，已由向忠发代瞿秋白，但大权实操于李立三之手。立三为人，颇与贺昌相似，且在五卅运动中，与贺同在上海任负责工作，（李当时任上海总工会委员长）故感情

① 中共"五大"前称中共湖北区委。1927 年 4 月，张太雷接替张国焘任中共湖北区委书记，中共"五大"后，中共湖北区委改组为中共湖北省委，张太雷为首任中共湖北省委书记。7 月 17 日，中共中央决定，由罗亦农接替张太雷任中共湖北省委书记。
② 1929 年春，贺昌奉命前往香港，任中共中央南方局宣传部长。

亦佳。贺至上海后，即在李立三领导下之中央工作，其后立三路线日益发展，立三威权日重，而贺昌与李维汉两人，实为立三之左右手，贺在共党二中全会中，递补为中央委员①，历任各重要职务，俨然成为立三路线下之红人焉？

其后立三路线被打倒，李立三本人且被召往莫斯科，在列宁学院重新研究，贺昌则因与周恩来瞿秋白等保持有良好密切关系之故，不仅地位毫未受何影响，且仍任负责工作如故。

但不久，王明等起而执权，贺昌虽恃有周恩来关系，惟既为立三路线之忠实执行人，当然不能任其再在中枢，故即由王明派往湖南，任湖南省委组织部长。当时湖南环境极为恶劣，不易工作，且湖南省委书记，亦为王明亲信人物刘浩，故贺不敢久留，在长沙仅三日，即潜回上海。此种行动，违反共党纪律，本应受严厉处分，因贺竭力托人疏通，且得周恩来保证之故，乃派往江西苏区。

时周恩来已在苏区任共党中央政治局中央苏区分局书记，贺昌至瑞金②以后，即由周派在红军总司令朱德处任秘书。朱对贺倚畀极深，贺亦参与机密，极尽谋划之能事，两人之相得，不下富曼诺夫之与夏伯阳也。

民国念三年一月，共党在江西瑞金开五中全会，贺昌亦被推为中央候补委员，及五中全会闭幕。接开中苏二次大会，贺亦被选为中苏中央执行委员，其在共党与中华苏维埃政府之各衔，完

① 1929年6月，贺昌在广州出席党的六届二中全会，会后往湖南，任中共湖南省委常委。1930年春，贺昌被调往北方局，担任中共北方局书记兼顺直（河北）省委书记。1930年9月24日，党在上海召开六届三中全会，贺昌补选为中共中央委员。1931年1月党在上海召开的六届四中全会，取消了北方局，贺昌的中共中央委员也被撤掉。

② 1931年11月，贺昌由吴德峰护送到达中央苏区。

全与刘伯坚相同。同时，贺亦系中央革命军事委员会候补委员。惟贺与刘略有不同者，刘为军事政治人才，贺则为党的组织及民众运动人才，故贺除上述各职外，尚任共党中央区之组织部长。

念三年冬，红军开始长征，贺因在江西负有地方党务责任，未克偕往，乃随叶剑英①等留在江西，在赣南活动。念四年三月初旬，国军进攻赣南，贺与阮啸仙刘伯坚均身殉是役，年方三十一岁。

编后语：贺昌（1906—1935），中国社会主义青年团的创始人之一，革命英烈。他在突围战争中身负重伤，仍顽强地向敌人射击，在身陷重围的最后时刻，宁死不屈，不当俘虏，使尽全身力气高呼"红军万岁"，将最后一颗子弹射进了自己的胸膛。其为革命献身的英勇无畏精神，堪称典范。为此，陈毅写了《哭阮啸仙、贺昌同志》（参见本书第35页"编后语"）。

---

① 应为陈毅。

称霸洪湖的——段德昌

　　称霸洪湖与贺龙齐名的段德昌，为湖南湘潭人①，与毛泽东同乡，虽有猛将之名，却无猛将之实，为人彬彬儒雅，容貌白皙，眉目秀丽，望之俨然一翩翩美少年也。若易以女装，混入裙钗队里，直足以乱真。见之者均以为不知谁家少年公子，绝对无人想及其为红军猛将者。

　　段德昌之父，为一小商人，家庭经济极为恶劣，故段幼时曾被送入某商店为学徒，后其亲戚因惜其绝顶聪明，不忍埋没，乃集资送段求学，由是段方得受中等教育。民国十四年冬，段正毕业于中学不久，时广东革命高潮澎湃，段由倾向革命而变成一狂热的革命者，遂不待家人许可，即单身赴粤，加入共产主义青年

---

① 段德昌 1904 年 8 月 19 日生于湖南省南县九都山九屋场。

团。中央党部主办的政治训练班招生时，段由共党选派，入班肄业①，其后段之政治水准，活动能力，及对于社会科学的理解，殆无不于此政治训练班中提高者。

段德昌卒业于国民党政治训练班后，即任国民革命军第八军唐生智第一师叶琪师部政治部秘书，叶琪重视其才，擢为政治部主任。武汉政府时代，第一师驻屯宜昌，段即以其辩才及活动手腕与高超地位，发动当地之民众运动，建立鄂西之共党基础。时宜昌有一无人不知之爱国女校皇后萧丽霞女士，慕段之年少英俊，才高位显，乃倾心相从，与之结合。

武汉政府倒后，段德昌即自动离开师政治部，八月廿九日，共党宜昌市委议决，派段往县农民协会工作。当时农民协会有会员一千余人，农民自卫军亦有二百余人，势力颇不弱。段在农协中任指导员及共党宜昌市军委教练员，任务为教育农民如何放枪作战游击战暴动等，同时复将农民自卫军份子重新加以洗刷整理，总计段在农协仅做一月工作，然其所成就者，乃不可限量。

此时鄂西风声甚紧，段德昌遂向共党宜昌市委建议，自愿下乡去做游击暴动工作。此项建议，得市委许可，并给予盒子枪三枝，段遂携枪及市委介绍信，往见鄂西特委，即被派赴秭归安远当阳荆门一带乡间，巡视共党农民运动，并发动游击战争，组织游击队，赤卫队，及农民自卫军。更得鄂西特委所派大批人员之助，势力遂日益扩大，至十六年冬，段已有武装群众七八百人。当段发动鄂西暴动时，巴东施南建始野三关等处农民，纷纷起而响应，集合六七百人一处者有数起，农民自卫军亦有五百余人的

---

① 1925年6月，段德昌在南县参加中国社会主义青年团，不久加入中国共产党。同年夏，经南县中共党组织派遣，到黄埔军校四期学习。

组织，负责领导之主要人物为杨杰。杨为共党活动份子，同时亦系段之老友，后杨病死，段遂代（带）领其众，合得三千人左右，投于贺龙部下，遂成贺龙手下一员猛将，后且代周逸群之职，任红军第六军军长①。

民国念一年春，段德昌被共党中央调回江西，充手枪团团长，后在赣东受伤甚重，入瑞金红军医院医治。当时瑞金缺乏医药，且日在国军飞机轰炸之下，几无可治疗，创乃日剧。迨福建事变发生，人民政府成立，与共党订有协约，得出口运输，乃由共党派人护送至福建厦门，转来上海，由共党中医生为之悉心医疗，枪创本已有起色；奈段年方少壮，处兹繁华都市，耳濡目染，难免不犯风流小过，创乃大发，卒致不起②，遗骸葬于万国公墓。

编后语： 段德昌（1904—1933），湘鄂西革命根据地和中国工农红军的主要创始人之一，中国人民解放军军事家。中共湖北鹤峰县委在为他镌刻的碑文上写道：段德昌烈士"为革命事业

---

① 1930 年 2 月 5 日，独立第一师改编为中国工农红军第六军，孙德清任军长（因病未到职，不久便由旷继勋继任），周逸群任军政委，段德昌任副军长。

② 此段严重不实。段德昌一直坚持战斗在湘鄂西苏区，1930 年 7 月，红二、六军合编为红二军团，军团总指挥贺龙，政委周逸群。红二军军长由贺龙兼任，政委朱勉之；六军军长旷继勋，政委兼副军长段德昌。1931 年 1 月中共六届四中全会后不久，中央派夏曦来到洪湖，3 月 27 日成立湘鄂西中央分局和湘鄂西军委分会，夏曦任分局书记及军委分会主席，极力推行"左"倾冒险主义错误。段德昌因抵制"左"倾错误，在 1933 年初夏的"肃反"中被逮捕，于 5 月 1 日被打成"改组派"而惨遭杀害。

竭尽忠诚，茹苦含辛，效劳祖国。他虽身死，但革命精神却深深地印在每个人民的心中"。他是为新中国成立作出突出贡献的100位英雄模范人物之一。

雄视赣东北的——方志敏

方志敏①为赣东北苏维埃运动的创始者，曾任红军第十军军长，闽浙赣省苏维埃政府主席，固亦独霸一方之红军英雄也。

方身材瘦弱，且患有肺病，已入第二期。识者均谓其将不久于人世，然事有出于情理之外者，方不特不死，且翻山越岭，如履平地，每"夜行"七八十里以为常。常对人自诩谓："肺病惟跑山过岭，曝晒太阳，多喝凉水，始能根本治疗。"此言是否成理，姑置不论，但以患肺病者，而能有此龙马精神，不可谓非天生异禀（禀）也。

方对于农民运动，具有特殊天才，在大革命时代中，已露头

---

① 方志敏 1899 年 8 月 21 日生于江西省弋阳九区漆工镇湖塘村，1922 年加入中国社会主义青年团，1924 年 3 月在南昌由青年团员转为共产党员。

角。时李立三为工运的新兴领袖，五卅以后，具有统一共党之绝
大野心，然对于擅长农运之方志敏，亦颇表钦佩。当民国十四
年，方与立三初在上海相遇时，一见订交，遂成莫逆，其后武汉
政府时代，立三在武汉领导工运，方在南昌致力农运，每假机
会，互相联络，及武汉政府失败，立三秘密奔走南浔路线，并参
加赣省共党会议，彼此仍互相推崇如故。

　　方志敏为赣省农运主要干部之一①。当南昌朱培德与李烈钧
政争之初，即已启示国共终难同梦之兆。时南京已反共，方遂专
门注力于紧张下层农运之工作，尤倾全力以发展赣东北一带之潜
势力。民国十六年春夏两季，方数度秘密巡视信江流域各农村，
并在弋阳设立农运干部训练班，召集赣东北共党农运活动份子，
加以短时训练，一方利用当地农村，以作尝试实验之所。此项训
练班作用甚大。当时训练班中，共有学员十三人，（内有一人系
女性）此后即成为方赤化赣东北之主要助手。

　　当南昌共产党人失势之初。方志敏即首先前赴弋阳。抵弋阳
后，弋阳农民即召开一农民欢迎大会，情绪非常紧张，手持梭
镖木棍之农民自卫军，亦有一百余人，皆声称愿受方委员之指
导，即此可见方与当地农民感情之一班。方离南昌后，曾留书于
其友人而兼同志的邵式平，劝其投笔从戎，邵素佩方为人，欣然
来归。

　　时方为共党赣东北特委书记，乃以邵为常务秘书，日夕与邵
翻山越岭，卧稻草铺，食山薯玉蜀黍，一心一意，组织农民，发
动抗捐抗税分粮分田打土豪等斗争。又在弋阳横峰上饶德兴浮梁
一带，普遍组织农民游击队，赤卫队，赤卫军等，并宣传组织苏

---

① 　大革命时期，方志敏在江西领导农民运动，任江西省农民协会常委兼秘书
　　长，中华全国农民协会临时执行委员。

维埃，扩大共产党的组织等，所有党，军，政，农运均由方一手包办，邵仅为方之助手而已。

民国十八年，为方志敏势力逐渐扩大的时代，赣东北一带，经过方的努力，已经激起成千成万的农民，且因夺得民团驻军枪支之故，武装农民亦已达一千以上。当时共党正在立三路线之下，立三与方为老友，闻方在赣东北势力有特殊发展，甚为得意，当下令成立中国工农红军第十军，即以方为军长。此项命令到达赣东北苏区后，方即在横峰军次召关民众大会，成立第十军，下分两师，每师各三团，每团属两营。

其后立三路线被打倒，方志敏因与李立三交情颇厚，未免有些不服。四中全会后，特派有代表到赣东北传达国际路线，方竟置之不理。民国二十年秋间，第十军在铅山军次破获由上饶派入苏区活动之 AB 团，时共党中央代表与邵式平等，均主张全部处决，但方却因与 AB 团份子中有一二乡亲关系，主张从宽监禁。此种行为，已颇使共党中央不满，不料所监禁之囚徒，居然阴谋越狱，将监狱主任及守兵等杀死，纷纷逃亡。此事虽出于方之意外，但揆情度理，方故纵之嫌，实百口莫辩。当时共党中央代表与邵式平筹谋之下，首先将赤色警卫师的军权由邵兼领，逐渐使方权力减低，至民国念一年，方所有军权，几乎全部削去，而由邵式平任军区总指挥，十军及十一军军长，亦改由王如痴熊维洲担任，赤色警卫师则改由匡龙海继任。

其后方表示悔悟，乃得重回军队，且任闽浙赣省苏维埃政府主席。民国念三年冬，红军将出发长征前，命方以北伐先遣队名义，率众由闽入浙边，复自浙边入皖南，以牵制国军东北两路之追剿。及红军大军西征，方所部已与中央苏区隔离甚远，兼之横峰磨盘山根据地亦为国军攻破，方不得已，乃率部退往皖南，经国军赵观涛俞济时刘镇华诸军之围攻，势渐不支，欲回赣东北，又被阻于赣边，遂率众退入浙西怀玉山。怀玉山虽山深林密，岩穴甚多，然山上无水，粮糗皆绝，经俞济时率部搜山，方与红军第十军团长刘畴西，红军第十军长兼第十九师长王如痴，乃同时被捕，解往南昌，被枪决焉①。

编后语：方志敏（1899—1935），赣东北革命根据地和红军的重要创始人，中国人民解放军军事家。他把马克思主义与中国革命实际相结合，创造性地开展工作，其开创的赣东北革命根据地，被毛泽东称之为"方志敏式"的根据地，为探索中国特色的革命道路作出了重要贡献。他是为新中国成立作出突出贡献的100位英雄模范人物之一。

---

① 1935年1月29日下午1时左右，方志敏在皖南怀玉山区被包围搜山的国民党军队所俘。国民党南昌当局不择手段，千方百计劝降。方志敏不为所动，坚守自己的坚定理想与信念，在狱中写了《可爱的中国》《清贫》《狱中纪实》《给党中央的信》等16篇文稿和信件，抒发了他对祖国的无限热爱和美好未来的憧憬，表现了共产党人崇高的爱国主义和共产主义精神；同时也表达了他舍己为公，甘愿清贫的高尚品德。同年8月6日，在南昌下沙窝被敌人杀害。

投笔从戎的——邵式平

邵式平[1]为一文人，乃其后竟成苏维埃赣东北省府主席兼红军第十军政治委员及赤色警卫师最高指挥员，投笔从戎，居然竟成红军中重要人物之一，诚可谓"人不可以貌相"者矣。

民国十五年秋，邵式平尚在南昌民国日报当记者，同时兼任共党江西省委宣传部干事。邵加入共党[2]，尚在未入民国日报以前，对于党务工作，颇为尽力。其为人苦干毅力颇强，且生成煽动天才，经共党训练后，在群众中的活动能力乃更见提高，故不久即兼任江西省农民协会干事。时方志敏正在赣作农民运动，与邵交谊甚为密切。

---

① 邵式平 1900 年 1 月 27 日生于江西省弋阳县邵畈村。

② 1925 年，邵式平由陈毅、黄道介绍加入中国共产党。

　　十六年国共分裂，朱培德在南昌欢送共党份子出境，当时邵式平尚未出名[1]，然既籍隶共党，亦有非走不可之势。邵默察当前情势，深觉其他一般党人，群趋武汉，向武汉政府投机之非是，适得方志敏来书，劝其投笔从戎，共同组织农民自卫军，并指明在当前形势下，惟有暴动硬干，始有出路，邵时正在迷途之中，得书大喜，乃毅然赴信江流域各农村，寻觅其新生命。

　　是年六月间，邵式平秘密到达弋阳，弋阳乡间的农民运动，本已有相当基础，邵乃与方志敏共同训练组织农民自卫军。然此项农民自卫军最初之武装，除两枝盒子枪及在东北乡保卫团中劫得的数枝来福枪外，他无所有。

　　幸此时有一很好的机会，即李烈钧与朱培德间之政争是。政争结果，李不敌朱，率部由南昌退出，以一部份驻防于河口上饶一带，而与该区域毗连之黄金埠余江一带，则属于朱培德的省府直接管辖范围，当时此二力量形成对立，且常在弋阳贵溪附近发生小规模之冲突，颇便于邵式平与方志敏之于中活动，一时败兵散勇，聚集于邵方手下者甚众。邵方两人，具有绝大决心，对于工作的布置，非常积极，目标在使成千万的饥饿大众——破产的农民，失业的手工业者，流氓，土匪等，一致团结起来。

　　武汉政府分共后不久，邵式平和方志敏就发动了游击战，将农民自卫军编成八个游击队，其下又分为若干小队。此项游击队开始组织时，甚为秘密，甚至手无寸铁。邵式平为人足智多谋，而又能刻苦工作，在此种困难环境之下，发挥其征服一切的勇气，自动手训练，至夺取枪支及使用枪支，以至战略战术的训练，均先后逐步完成。邵任总参谋，方任总队长，邵又兼赣东北特别常委，赣东北区军委，常委等职，一方面设计，一方面监督

---

[1]　邵式平时为国民党江西省党部秘书长、监察委员、省农训班教育主任。

尝试，在血的经验之中，锻炼成其卓绝的胆略与远识。

邵式平所领导之游击队，开始活动于十六年十月间，先后数次行动，均获得胜利，遂逐渐于游击中长大起来，至十七年冬，邵方两人之游击队伍，所有枪支，已扩至五百以上，游击区域，则由弋阳横峰开始，而及于贵溪余江广丰玉山一带。

十八年至十九年，国内相继混战不已，邵式平与方志敏所统率之游击队，继续扩大，奄有弋阳横峰玉山广丰上饶铅山德兴乐平鄱阳浮梁湖口贵溪余江等整个赣东北区域，而以弋阳横峰一带之山地为根据地。当时邵式平即奉共党中央命令，成立"中国工农红军第十军"，以方志敏为军长，邵则任政治委员；并同时成立赣东北省苏维埃，以邵兼代主席。后方志敏失职，邵更代领其众。

民国念三年，方志敏东山再起，邵式平忽告失踪，普之方邵并称者，今竟有方而无邵，一时传说纷纭，莫衷一是，有谓方恨邵之夺其兵权，将邵秘密处死者，有谓邵已被国军击毙者，更有谓邵现尚在人世者，究未知何者属实。所可信者，今日红军将领中，盖已无邵式平其人矣[①]。

---

① 1933 年 1 月中旬，红十军改编为红十一军，周建屏任军长，邵式平任政委。5 月，邵式平任闽赣省苏维埃革命委员会主席。参加了长征，1936 年 10 月到达陕北，曾任中共关东地委书记，抗大二分校副校长等职，为中共七大代表。1946 年 1 月被党派往西满，任中共辽吉省委副书记等职。1949 年 6 月，江西人民政府成立，邵式平任主席兼南昌市军管会副主任，后历任中共江西省委第二书记，江西省省长等职，在中共"八大"当选为中央候补委员。1965 年 3 月 24 日因病抢救无效，在南昌逝世，享年 65 岁。

编后语：邵式平（1900—1965），无产阶级革命家，赣东北革命根据地和红军的创始人，与方志敏共同创造了"方志敏式"的赣东北革命根据地。毛泽东曾称赞他是从"地质学家变成了军事家"。

海陆丰的农民王——彭湃

　　彭湃为广东海陆丰之大地主，曾留学日本，加入共党甚早[1]。彭虽出身于地主家庭，然因信仰共产主义之故，乃以身作则，将田地分给农民，更广出资财，结纳群众，故当地农民群众，皆乐为之用，在海陆丰有农民大王之称。

　　彭湃之魄力极为强大，其一副勇往直前的精神，足使一般文弱书生气短。当民国十五年北伐军将出发前，彭为实现其先锋主义，乃在海陆丰的山僻中，宣布建立苏维埃[2]，中国之有苏维埃组织，实以彭为嚆矢。

---

[1]　彭湃祖籍广东陆丰吉康，1896 年 10 月 22 日生于海丰县城郊的桥东村，1921 年 5 月在广州加入中国社会主义青年团，1924 年加入中国共产党。

[2]　1927 年 11 月 13 日至 18 日，陆丰和海丰先后召开工农代表大会，宣告中国第一个红色政权——海陆丰工农兵苏维埃正式建立。

　　及十六年国共分裂，共党在南昌暴动，彭湃亦在贺叶军中，因海陆丰农民能为己用，故力主先取潮汕。及贺叶南征军在潮汕失败，彭因有海陆丰为其根据地，故并不如一般人之避往香港。迨十二月十一日广州暴动发生，任广州苏维埃肃反委员会主席之杨殷，即为彭之左右手，彭虽未实际参与广州暴动，然在海陆丰与杨殷信使往还，极为密切。后广州暴动失败，彭事先授意杨殷，极力主张将所有赤色部队完全退向海陆丰，故后来红军之成立，实以当时彭杨两人保全之力居多。

　　广州暴动失败后退下之赤色警卫师等部队，及大批政治工作人员，均以彭湃的根据地海陆丰为尾闾。一时海陆丰人才济济，颇有小莫斯科之概。彭湃在海陆丰六七年不间断的经营，势力已极为雄厚，更经杨殷之策划，遂于民国十七年冬季，正式在笔架山上成立苏维埃政府，当时群众一致推举彭湃为苏维埃政府主席，杨殷为副主席。

　　海陆丰苏维埃政府于桂系及钦军的几次国内战争中，不仅未被消灭，抑且屹然不摇，按照当时客观情势，甚至有席卷东江之可能。彭湃除任苏维埃政府主席外，同时复兼共党东江特委书记，所有五华兴宁紫金普宁揭阳惠来河源增城博罗等地共党，均归其管理。时共党正在盲动主义路线之下，彭湃主张暴动尤力，常一日中三令五申，着各地党部立刻暴动；而共党广东省委负责人邓中夏，颇不同意彭之盲动主张，乃以党的组织力量，加以制止，由是形成省委与特委之对立。彭个性极强，殊不甘服，遂与杨殷化装潜来上海，寻找共党中央，实行与邓中夏算账。

　　彭湃与杨殷离开海陆丰苏区后，一时苏区骤失重心，形成群龙无首状态，后经国军屡次进攻，渐趋消灭。此项过失，本应由彭杨二人负责，而彭反将海陆丰工作失败之根源，完全诿之于广东省委，冀达其进攻邓中夏之目的。共党中央以彭邓冲突，无法调解，兼之海陆丰苏区已告破坏，无再需彭回去之必要，即留彭在上海工作；先充高级训练班农运讲师，旋任江南省委兼军事委员会书记①，以杨殷为参谋科长，李树勋为军政科长，白鑫为技术秘书兼军委机关主任。

彭湃任江南省委兼军委书记后不久，即为其部下白鑫所卖②。白鑫者，黄埔学生也，早年在彭手下，对彭颇多不满，白之兄为国军团长，白遂由其兄介绍，与上海缉捕共党机关中人物范争波等接头。范等用迅雷不及掩耳手段，埋伏便衣军在彭住所周围，俟彭湃杨殷出外开会时，伏兵齐起，彭杨遁走不及，即行被捕，后解淞沪警备司命部枪决。

彭杨之死，实为共党一大损失，故彭杨死后不久，卖党求荣之白鑫，亦即为红色恐怖队所杀③。后共党中央迁往江西苏区，为纪念先烈起见，由中央发出训令，将高级赤色军事政治学校改为彭杨军事学校，以彭杨生前好友叶剑英为校长，并在鄂豫皖湘鄂西闽西等苏区，设立分校，统称彭杨军事学校。

编后语：彭湃（1896—1929），著名中国农民运动领袖，

① 1928 年初冬彭湃到上海，担任中央农委书记兼任江苏省军委书记。
② 1929 年 8 月 24 日下午，彭湃到上海新闸路经远里参加江苏省委军委的会议，被叛徒白鑫出卖，被帝国主义工部局巡捕逮捕。同时被捕的还有中共中央政治局候补委员杨殷、中共江苏省委军委负责人颜昌颐和中央军委负责兵运工作的邢士贞等。
③ 1929 年 11 月 11 日晚上 11 时许，在周恩来直接领导下，由关向应、陈赓等具体负责，中共特科人员在上海霞飞路和合坊四弄，成功地击毙了白鑫这个叛徒。

有"农民运动的大王"之称，领导广东海陆丰农民实行土地革命，创立了第一个中国苏维埃政权。周恩来评价他是"积了无数次斗争与战绩，从广大的群众中涌现出而锻炼出来的革命领袖"。他是为新中国成立作出突出贡献的100位英雄模范人物之一。

率众入川的——旷继勋

旷继勋，四川县竹人[①]。（一说什邡人）幼年丧父。不久，其母改醮黄姓，继勋随母至黄家，甚受其假父虐待，乃乘间逸出，翻山越岭，沿门乞食，过其孤零漂荡生活。数月后，为什邡县南乡一农家收留，充牧牛童子，日与群牛为伍，跑山骑牛，采柴芟草，如是者七八年，其性情习气，均与牛同化，且练成一身惊人之气力。后因与伙伴作投石比赛，放弃职守，致牛群食去他人田禾，继勋及其伙伴恐受东家责备，乃相约同赴成都当兵。

旷继勋及其同伴抵成都后不久，即达其目的，入营当兵。继勋为人，颇能刻苦，且勤于学习，入营数月，成绩冠侪辈，更兼体力过人，具有不怕死精神，深得下级军官之器重，令其在讲堂

①　旷继勋 1897 年生于贵州省思南县大何坝乡。

用功，数年之后，居然文理清通，且能写信矣。

其时，国民革命军势力已进抵长江流域，惟川省处军阀内讧之下，并未受有何种新影响，旷继勋虽已略受教育，然其头脑中所有者，亦惟一般旧军阀之升官发财及地盘观念而已，此系环境如是，不足深责，然继勋时运却颇亨通，因四川军阀内战之故，升迁概速，不数年间，居然由连长而营长而团长而旅长直至江防司令焉。

民国十七年冬，共党承盲动政策失败之后，进行军队中的分化工作。当时共党四川省委，认旷继勋为很好的对象，遂派干部多人前往，与之联络。不久，旷果由陈维道介绍，加入共党组织，成为红军将领之一。

旷继勋加入共党后，即于十八年春间①，率其所部一旅之众，发动兵变。当时川省军队实力虽弱，但各地国防之力颇强，故旷兵变结果，企图归于失败，旷幸得脱，间道赴重庆，求共党四川省委给予介绍信，潜赴上海。

旷继勋抵上海后，共党中央对之颇多慰借嘉奖，且认为可造之才②，同时指出其对政治认识薄弱之缺点，须受一度训练。旷遂要求往苏联留学，学习革命，中共中央对旷之要求，立时允许，不久，旷即由共党护送至海参崴，入第三国际东方部所设之"军政特别训练班。"旷在该训练班学习六个月后，即由国际遣送回国，更由共党中央派往鄂豫皖苏区工作③，同时偕往者，则陈昌浩也。

---

① 1929 年 6 月 29 日，旷继勋在中共四川省委领导下树起"中国工农红军四川第一路"大旗，成立了全川第一个红色政权——蓬溪苏维埃政权。
② 1929 年秋，旷继勋受命到上海中共中央特科负责保卫工作。
③ 1930 年 11 月，旷继勋奉命到鄂豫皖革命根据地，任红四军军长。在这之前，他是湘鄂西红六军军长。

旷继勋与陈昌浩两人，由共党交通秘密护送，安全抵达鄂豫皖苏区之首府所在地金家寨。陈系政治人才，一抵苏区，即组织中共中央分局，任书记之职，旷则因当时鄂豫皖苏区大权均掌握于许继慎之手，故仅于中央分局下之军事委员会内，担任委员。

后许继慎受 AB 团之唆使，密谋向国军投降，并准备于二十年九月十五日，在武穴英山金家寨麻埠等处，同时举行反赤暴动。此项密谋，为许之政治委员曹大靖（骏）发觉，密报中央分局书记陈昌浩，陈遂与旷继勋徐向前二人商议解决许继慎兵权，当时不动声色，将许诱往黄陂处决①，同时复将所有密谋暴动之 AB 团份子，一网打尽，是为有名的"黄陂事件"。事后，即由旷继勋继许任红军第四方面军（即由红军第一军扩大而来者）总指挥。

至民国廿一年，鄂豫皖苏区根据地金家寨为国军攻破，陈昌浩与旷继勋徐向前集议今后策略，旷力主入川，因川省二刘方在内讧，而旷于四川地理颇为熟悉也。陈徐颇韪旷之议，遂率部经老河口越陕南而入川，卒奠定后来红四方面军在川北之基础②，且形成中央苏区红军长征之先声焉。

惟旷继勋究为旧军阀出身，虽曾在俄受军事政治训练，然为时不过六月，对政治实在谈不上有何进步的认识，当其率领所部红四方面军到达川北后，目睹势力发展之速，一日千里，未免阴有割据自雄之念，时刘伯承张国焘均已入川，知旷野性难驯，遂与陈昌浩徐向前密议，逐渐减削旷之兵权，俟旷势孤，然后下令

---

① 以上文字严重失实，请参见本书第18页注②。

② 1932年12月，旷继勋与曾中生、徐向前等率红四方面军到川陕边界，建立了以通江、南江、巴中为中心的川陕根据地，任川陕省临时革命委员会主席。

将旷撤职①，而以徐向前领红四方面军总指挥之任焉。

编后语：旷继勋（1897—1933），中国工农红军高级指挥员，川陕革命根据地的创始人之一。他毕生追求真理，坚持真理，对党的事业、对共产主义的远大理想忠贞不渝，对敌斗争不怕牺牲，勇往直前。他是为新中国成立作出突出贡献的100位英雄模范人物之一。

---

① 因抵制张国焘执行王明"左"倾冒险主义错误，被诬陷为"国民党改组派""右派"，不经任何审讯，也不上报党中央，于1933年6月在四川通江县被张国焘下令秘密处死。

盲动主义的——李立三

　　李立三，原名隆致，湖南醴陵人①，留法勤工俭学出身，在法国时，与赵世炎（即施英）等共同发起中国少年共产团，后改为中国共产党旅法支部。归国后，奉共党中央之命，派往上海共党沪西区委工作，李为工作进行顺利起见，甚至亲入上海内外棉纱厂做工，以是甚得一般工人群众之信任。

　　民国十四年五卅惨案发生，李立三由共党中央派为上海总工会委员长，在五卅运动中，为最活跃之一人。其后奉军封闭上海总工会，李以上海环境不利，乃辞总工会委员长之职，初尚秘密居沪，但不久即由共党中央派往莫斯科，代表中华全国总工会，

---

① 李立三 1899 年 11 月 18 日生于湖南省醴陵县阳三石。

出席莫斯科赤色职工国际大会①。

十五年夏，李立三由莫斯科归来，仍在上海共党中央服务，惟因所担任者为秘密工作，故不甚为外界所知②。是年冬，李奉共党中央指令，往华北一带指导职工运动，曾到关外去过一次，十六年夏，由华北至武汉，因其时共党中央已迁至武汉也。武汉政府时代，李在中华总工会内虽已有极雄厚势力，但除参加五月间在武汉举行之共党五次大会当选为中委外，几未有何种举动，名声亦寂寂无闻。

惟李立三究为一活动份子，故沉寂不久，武汉政府崩溃，南昌暴动开始，李即以共党中央委员资格，前往南昌参加。革命委员会成立，李当选为委员之一，并任革命委员会政治保卫处处长及革命委员会农工委员会委员，所谓政治保卫处，即苏联之葛伯乌，（C. P. U.）负有生杀予夺之大权，但李之重要，尚不在此，盖其尚任共党前敌委员会书记③，实负有一行人中党的最高的组织任务。及贺叶南征军在潮汕失败，革命委员会消灭，李遁至香港，旋回上海，时十六年年底事也。

后共党在广州暴动失败，广东省委书记张太雷死于暴动之役，共党中央派李立三为广东省委书记，李乃于十七年春赴香

---

① 1925 年 10 月下旬，李立三与蔡和森、向警予、李一纯、沈泽民等乘船经海参崴去莫斯科参加共产国际第六次执委扩大会议。1926 年 3 月 13 日，李立三在会上作了长篇报告，向共产国际报告了中国五卅运动的情况，呼吁全世界无产阶级和革命人民支援中国革命。会后，他又代表中华全国总工会，出席了赤色职工国际会议。

② 1926 年 5 月 1 日，第三次全国劳动大会在广州开幕，李立三以上海总工会委员长的身份出席。大会选举李立三为中华全国总工会执行委员，全国总工会组织部长。1927 年 1 月，与刘少奇、林育南等一起，领导武汉人民收回汉口英租界。

③ 南昌起义前的前敌委员会书记为周恩来。

港，组织广东省委机关，但不久即由中央调回上海，任中央政治局常务委员及中央宣传部长，盖此时李已由地方干部，寝假而成为共党中央要人矣。

时共党中央总书记向忠发，一有名无实之人物也，中央大权初尽在瞿秋白周恩来手，及李立三由港回沪，大权遂尽入李手。李乃一手把持中央，厉行其继续盲动主义之政策，此立三路线之由来也。

李为遂行其立三路线起见，同时将党，青年团，工会，互济会，反帝同盟等团体统统取消，组织一行动委员会，自命为"集体领导的组织，"一面布置全国同盟罢工与全国大暴动。时第三国际东方部书记为列宁之妻克鲁勃斯盖亚，已发觉李之错误，训令中共停止此项全国大暴动的空幻计划，李竟置之不理。迨国际政治局严令执行国际路线，李仍倔强不服，谓国际远在莫斯科，焉知今日中国革命高潮已达到成熟阶段，俟中国革命成功以后，国际自会赞同此种计划，其大胆敢言，有若是者。

十九年夏，彭德怀之攻陷长沙，实出于李立三之布置，当时李并企图夺取武汉，一面令朱德毛泽东所部红军扩编为第一军团，进攻南昌九江，一面以彭德怀为主力，令其经岳州直趋武汉，与贺龙相呼应，所谓"向右进攻南京，向左保障武汉的胜利"。彭攻陷长沙后，即奉李为湘鄂赣苏维埃政府主席，然此时之立三路线，实已至回光返照时期，为时未几，即以被推翻闻矣。

第三国际之推翻盲动的立三路线也，实亦颇费苦心，初命周恩来瞿秋白往俄听训，然后命彼等回国纠正立三路线。但周瞿非立三之敌，不特不能纠正，且反拥护之。国际知中国方面已无可以制止立三之力量，乃令留俄之陈绍禹（即王明）以下二十八人全体回国，团结一切反立三份子，以打击立三。而立三当时之统治，已渐臻巩固，确非一部份力量所能推倒，陈绍禹等回国后，仍毫无办法，于是又调米夫来华，任国际代表。米夫抵中国后，用巧妙方法，先笼络李立三之部下，使均不复效忠于李，迨时机成熟，然后出示国际来信，信上严厉指出立三路线之错误，及驳斥李之狡辩，同时反立三各系，亦全体策动，在各级组织上，痛斥立三路线之错误。立三在此四面环攻之下，除随国际代表上莫斯科听训外，一筹莫展。

李立三抵莫斯科后，第三国际即宣布其罪状，谓其不但在政治原则上犯有绝对的错误，且在组织上，亦犯有不可原宥之错误，同时又电令中共中央再行召集扩大的第四次中央全体会议，在这一会议中，举凡立三思想上理论上行动上之错误，均被清算出来，于是立三之威名，乃扫地以尽。

至李立三在莫斯科之行动，所可得而知者，最初为软禁于第三国际招待所，不久即恢复在莫斯科居住之自由，惟不能回国。念二年，入莫斯科列宁学院研究，现尚在莫斯科，何时返国，不得而知，然即使回国，此盲动的楚霸王，恐亦未必能得有何种地位也。①

---

① 在 1945 年于延安召开的中共"七大"上，李立三当选为中共中央委员。经中共中央一再要求，1946 年春，李立三从苏联回国，任军调部东北三人小组成员、中共中央东北局委员、敌工部长、城工部长、中华全国总工会副主席等职。中华人民共和国成立后，历任中央人民政府委员、劳动部长、中共中央华北局书记处书记等职。是中共第四届至第八届中央委员。在"文革"期间遭受林彪、"四人帮"迫害，于 1967 年 6 月 22 日病逝。

编后语：李立三（1899—1967），中国共产党早期领导人，中国工人运动的杰出领袖。1928年出席中共"六大"，当选为中共中央委员。1930年3月主持中央领导工作犯有"立三路线"错误，受过共产国际与王明"左"倾教条主义者的打击。1948年任中共中央东北局职工运动委员会书记、全国总工会副主席、党组书记等职。新中国成立后，历任中央人民政府委员、劳动部部长、中共中央华北局书记处书记等职。"文革"期间受到残酷迫害，但他始终忠于党，对革命事业忠贞不渝。

书生领袖——瞿秋白

　　曾经一度为共党领袖之瞿秋白[1]，出身于小资产阶级家庭，父早故，中学毕业后，其母忽因某种原因自杀，家庭离散。瞿孑然一身，北上赴京[2]，住堂兄纯白家，本拟投考北京大学，因其堂兄不能负担学膳费作罢。时外交部正设俄文专修馆，既不取学费，学成后且有出身，瞿遂入馆学习俄文，时民国六年夏事也。瞿当入学之际，尚不知俄国已告革命，其学习俄文之用意，仅为他日糊口立身之计耳，孰知此项学习，竟决定其一生命运焉。

　　不久，五四运动发生，新思潮澎湃，瞿于此时已读过许多新杂志，思想上有相当进展，新的人生观亦在形成，同时更因个性

---

[1] 瞿秋白 1899 年 1 月生于江苏省常州市。

[2] 1917 年春，瞿秋白随堂兄纯白到达北京。

关系，特别爱好文学，乃与其友人郑振铎瞿世英耿济之等，先后创办新社会杂志，发起组织文学研究会。文学研究会丛书及机关志小说月报上，颇多瞿之俄国文学翻译作品。

民国九年初，李大钊、张崧年等在北京发起组织马克思主义研究会，瞿时对共产主义已有相当信仰，乃欣然加入。其后不久，北京晨报社拟派通信记者前往莫斯科，知瞿俄文颇有根柢，请瞿担任，瞿亦思一瞻此新国家的景象，遂首途赴俄。当时俄国正当内战时期，故瞿在俄生活颇苦，每日食黑面包，甚至挨饿亦为常有之事，直至内战停止，新经济政策实行，生活始稍觉宽裕。瞿乃请私人教授研究俄文，俄国史，俄国文学史，同时为应付晨报通信，亦颇用心读俄国共产党报纸文件，调查革命事迹等，由此对共党之内容主张，已逐渐了解，更由了解而发生同情，惟瞿尚未加入共党，因误以为入党后将不能再专修文学，而瞿对文学实不愿遽尔放弃也。

瞿一生最大之转变，在民国十年秋，缘当时中国人留俄者少，俄文翻译更属难得，故莫斯科东方大学开办中国班时，即聘瞿任俄文翻译与助教，瞿因职务关系，不得不多读马克思主义理论书籍，文艺书无暇再读，由是始正式转向政治。迨陈独秀代表中国共产党抵莫斯科，由瞿担任其翻译①，时瞿已正式由张太雷介绍，加入共党，独秀于民国十一年年底回国，回国时恳劝瞿与之同回国内工作，瞿遂偕独秀共回北京。

民国十二年夏，于右任邓中夏等在沪创办上海大学②，时瞿

---

① 1922年11月5日至12月5日，共产国际在彼得堡（后移往莫斯科）举行第四次代表大会。陈独秀、刘仁静代表中国共产党出席大会，瞿秋白出席会议并担任陈独秀的翻译。

② 上海大学是1922年10月由上海私立东南高等专科师范学校改组成立并发展起来的。

正在上海，于等乃请瞿担任上海大学教务长兼社会学系主任。当时瞿在共产党内，仅任一部份宣传工作，编辑新青年杂志，故在任教上海大学初期，尚有余暇研究文艺问题。及国民党改组，瞿常往来于上海广州之间，参加国民党工作，任上海国民党中央执行部委员。十四年一月，中国共产党开第四次全国代表大会，瞿复当选为中委，至是瞿始完全放弃文艺，从事政治工作①。

武汉政府时代，瞿秋白正从大病中脱险，将近病愈时，陈独秀彭述之等的政治主张，已逐渐暴露其机会主义的实质，一般党员对之均失信仰，十六年五月中国共产党第五次全国代表大会上，陈独秀虽仍被选为中委，但对党已失去其领导性。武汉政府分共以后，陈独秀退出中央，中央政治局乃由瞿主持②。

瞿直接负责中央政治局，领导政治约一年光景，在此期内，发生南昌暴动，广州暴动，以及最早的秋收暴动，瞿为一无经验之书生，其领导方式，较之独秀时代尤为不如，盖独秀虽有机会主义倾向，然事无大小，均亲自参加主持，瞿则对组织尤其是军事上非常不明了，且毫无兴趣，故除发表一般政治主张外，其余调遣人员与实行具体计划等，均一任组织部军事部支配。瞿之渡过此一时期，实可谓勉强之至，故当十七年六月间，共党开六次代表大会时，党内一般人均反对瞿之领导，后以形格势禁，旧干部无人可用，新干部起来领导之形势尚未成熟，故仍由瞿负领导名义，实际上则大权在李立三向忠发之手也。

---

① 瞿秋白在党的"四大"上当选为中共中央委员，任中央宣传部委员，并与陈独秀、张国焘、彭述之、蔡和森一起组成中共中央局，走上了中央领导岗位。

② 1927年7月12日前后，中共中央政治局根据共产国际的指令，停止陈独秀、彭述之等人在中央的领导工作，组成临时中央政治局常委会。常委会由张国焘、周恩来、张太雷、李维汉、李立三组成，后来又增加了瞿秋白。

　　瞿在共党中央政治局常委任内，备受李立三之压迫，乃愤而赴俄，以共党中央驻莫代表团总代表名义，常留驻莫斯科，不再回国。后立三路线发生动摇，长沙暴动既告失败，下级党部复纷纷反对，第三国际乃派瞿回国，开三中全会①，纠正立三路线之错误。瞿虽受此国际使命，然以本身意识之模糊，竟找不出立三路线之弱点，致三中全会结果，仍为李立三完全胜利。直至留俄学生陈绍禹等完全回国，国际代表来夫来华，始克推翻立三路线。立三路线被推翻后，瞿虽仍任中央政治局常委，然已成为无足轻重之人物矣。

　　民国念一年间，瞿秋白因病赴上海休养，即在上海从事文艺活动，与鲁迅茅盾丁玲等往来甚密，化名易嘉宋阳等，在各刊物上发表文章。时杜衡自命为第三种人，创文艺自由之说，瞿驳之不遗余力，一时形成文坛上之大论战，即所谓"文艺自由论战"者是。共党文艺运动，经此一番倡导，大有复兴之象，此不能不归功于瞿也。

　　瞿病愈后，仍返江西苏区，念三年一月念一日，中苏二次大会在瑞金开幕，瞿亦当选为一百七十五中执委之一②，然其当权时代已成过去，所负职务毫不重要，反不若后起之青年秦邦宪，乃能获中央总书记一职焉。

　　念三年冬，红军开始长征，瞿因体弱多病，惮于跋涉，与项英叶剑英③等均留赣南苏区，组织共党中央办事处，未曾同往。后赣南苏区受国军压迫，乃随红军游击部队退往闽西，不幸竟于

---

①　1930年9月24日至28日，在瞿秋白、周恩来主持下，中共六届三中全会在上海举行。

②　1934年1月22日至2月1日，中华苏维埃共和国第二次工农兵代表大会在江西瑞金召开，瞿秋白仍当选为中央执行委员，并担任教育人民委员。

③　应为陈毅。

闽西被国军擒获①，瞿犹思脱命，乃发表"多余的话"，自称为"历史的误会，"然为虚声所误，卒被枪决。死耗传出后，闻者莫不悼惜，鲁迅尤为伤感，辑其遗著遗译，亲自编校成书，即今所传"海上述林"者是。

综瞿一生，为一文艺作家则有余，为一政治领袖则不足，然而因缘时（际）会，竟任共党领袖数年之久，不可谓非异数，惜乎书生终属百无一用，观其临终忏悔，实足为盛德之玷焉。

编后语： 瞿秋白（1899—1935），中国共产党早期领导人之一，马克思主义理论家。中国大革命失败后，在共产国际的支持下，他主持召开八七会议，纠正了陈独秀的右倾错误，确立了土地革命和武装反抗国民党的总方针。随后，瞿秋白以中央政治局常委的身份，负责中央领导工作，在共产国际、联共（布）的错误指导下，犯有短期"左"倾盲动主义错误，遭到共产国际与王明"左"倾教条主义者的残酷打击。1945年，中国共产党扩大的六届七中全会通过了《关于若干历史问题的决议》，高度评价了他的革命一生，明确指出："瞿秋白同志，是当时党内有威信的领导者之一，他在被打击以后仍继续做了许多有益的工作（主要是文化方面），1935年6月英勇地牺牲在敌人的屠刀之下。"他是100位为新中国成立作出突出贡献的英雄模范人物之一。

---

① 1935年2月24日，瞿秋白在福建长汀濯田地区不幸被国民党逮捕，6月18日英勇牺牲于长汀中央公园。

广东区委——陈延年

　　陈延年，安徽怀宁人[1]，中国共产党最初的领袖陈独秀之长子也。初为无政府主义者，其后信仰共产主义，曾留学法国，加入法国之中国少年共产团[2]，与同时留法勤工俭学生赵世炎李立三等被称为共党三杰。其为人刻苦耐劳，具有锐利的政治眼光，观察一切，异常正确，而办事手腕，尤有斯大林之风，李立三曾称之为党内最有政治天才与组织能力的人。民国十二年在莫斯科时，曾与列宁长谈三夜，列宁颇称许之，而对其坚苦卓绝之精神，尤表敬佩。

---

① 　陈延年 1898 年生于安徽安庆市。
② 　1922 年在法国勤工俭学时，陈延年经胡志明介绍参加法国共产党，不久转中共旅欧支部，为支部干事，负责组织工作。

民国十四年春，中国共产党开第四次全国代表大会，陈延年亦当选为中央委员①，并兼任广东区委书记。广东区委者，广东共党组织之最高机关也，其任务不仅指导广东全省共党，同时且指导广西党务，故实为两广共党之总机关。（十六年五月共党五次全国代表大会以后，区委改为省委，广西另设省委。）陈为区委书记，不啻总机关之最高领袖，一时声势煊赫，有两广王之称。区委内部各部负责人，亦多为一时俊彦，如宣传部长为张太雷，军事部长为周恩来，农民部长为罗绮园，妇女部长为蔡畅，妇运委员会主任为邓颖超，党校教育委员会委员长为任卓宣等是。

十六年春，共党中央迁往武汉，乃调陈延年任长江局书记②，兼江苏省委书记，驻上海。南京政府反共态度明显后，陈即将省委机关迁至北四川路底施高塔路恒丰里一〇四号，行踪甚为秘密。不图终为密探所破获，于六月二十九日被捕，解往淞沪警备司令部，同时被捕者，尚有江苏省委秘书长韩步仙，及宣传部长黄丹等。陈被捕后，国民党中委吴稚晖曾致书警备司令杨啸天，盛绘陈之状貌，并颂杨捕陈之功，致陈遂不免于死③，一时论者无不咎吴之寡情，（吴与陈独秀为老友）而惜陈之政治才具焉。

---

① 陈延年未出席中共四大，不是中共四大中央委员。1925 年春，陈延年接替周恩来任中共广东区委书记。陈延年担任这一职务，一直到 1927 年 3 月离开广东时为止。

② 此处有误，1927 年 9 月 28 日，中共中央临时政治局常委第 21 次会议正式决定由罗亦农、陈乔年、任旭、王一飞、毛泽东 5 人组成长江局，罗亦农任书记。陈延年出席了中共五大，当选为中央委员和政治局候补委员。6 月 26 日，陈延年被任命为中共江苏省委书记。

③ 1927 年 7 月 4 日，陈延年在上海龙华英勇就义，年仅 29 岁。

编后语：陈延年（1898—1927），中国共产党早期领导人之一，革命英烈。1924年从莫斯科回国后，陈延年历任中共广东区委书记、江浙区委书记、江苏省委书记等职。蒋介石发动四一二政变后，他和赵世炎等签署《致党中央意见书》，反对陈独秀的右倾错误。在敌人的刑场，他昂首挺胸，视死如归，表现了共产党人的英勇气概和大无畏的牺牲精神。他是100位为新中国成立作出突出贡献的英雄模范人物之一。

划船夫出身的——向忠发

　　向忠发，湖北黄陂人①，原为划船夫出身。民国九年，中国共产党成立，林祖涵②在武汉为共党干秘密工作，当时共党在汉工作主要的分四部分：一为运动京汉武长两路工人参加，二为运动纱厂工人参加，三为运动汉阳兵工厂工人参加，四为运动划船夫参加，林因常坐向渡船之故，逐渐与向熟识，即由林介绍向加入共党③。时加入共党者，类多知识份子，工人出身者颇难多得，

---

① 向忠发1880年生于湖北汉川。1928年出席中共六大时，向忠发填写的是湖北汉阳。因汉阳与汉川隔汉江而望，毗邻交错，又历史上，汉川多次隶属汉阳府，向忠发填写汉阳，其情可谅。据《向氏宗谱》记载，向忠发祖籍汉川，无可争议。

② 应为林育南。

③ 向忠发于1922年党的"二大"召开前，由许白昊、施洋介绍加入中国共产党。

然共党固属工人政党也，故对向之加入，甚为欢迎。

向忠发加入共党后，初任共党武汉地委书记①，湖北区委职工部长。十六年春，任国民党汉口特别党部工人部长，湖北全省总工会委员长，为湖北全省劳动阶级的总领袖。当时劳动阶级最受推重，故向在武汉，亦颇有地位。

十六年五月，共党在汉口开第五次全国代表大会，向忠发当选为中央执行委员。第四次全国劳动大会结果，向复被选为中华全国总工会常务委员。八七会议时，向任共党中央政治局委员。十七年，赴莫斯科，出席第四次赤色职工国际大会，当选为赤色职工国际常委，又参加共党六次大会，当选为中央委员，并被推为中央总书记。

虽然有人对向忠发之能力表示怀疑，但向实为颇有能力之人，口才极佳，善于演说。唐生智张发奎在武汉时，对向均极为推崇，除苏兆征外，向实为工人份子中最有天才者之一，故第三国际对向亦甚重视，而以中央总书记一席畀之。中央总书记者，易言之，即共党领袖也，惜当时为向之辅助者，系野心勃勃欲赤化暴动全国之李立三，致太阿倒持，大权为李所操，向反蒙傀儡无能之诮。实则向如果为无能之辈，亦不致遽膺中央总书记之职也。

立三路线被推翻后，共党接开四中全会，在此会议中，共党组织上有一主要的变迁，即中央总书记原本即为中央政治局主席，今则中央政治局主席改为主席团，主席团共三人，一为向忠发，一为周恩来，又其一则为陈绍禹。此种措置，盖避免大权操于一人，重蹈立三路线之危险，且以周恩来陈绍禹夹辅向忠发也。

---

① 向忠发入党后，负责湖北省工会工作，曾任汉冶萍总工会副委员长等职。

当时共党中央政治局设在上海，为便于秘密活动计，在政治局下设有特务队，特务队之任务，即为保护中央政治局主席团人员之安全。不意特务队员之一的黎明，被派往汉口公干时，突向当局告密。此项消息，传抵上海后，共党中央政治局亟另迁安全地点，因瞿秋白之住处为黎明所不悉，故调秋白为总交通，重行建立机关。周恩来陈绍禹皆颇知检点，独向忠发因行动不慎，卒于民国二十年六月间在法租界善钟路被眼线捕获，解送警备司令部枪决①。

向忠发之被捕，使共党大为震动，因现任中央总书记之被捕者，以向为第一人也。事后，共党为儆戒党内反动份子计，曾实施某项紧急处置焉。

编后语：向忠发（1880—1931），革命叛徒。年轻时在武汉做工，曾为汉阳兵工厂和汉阳码头工人。大革命时期历任中共湖北区委委员、国民党武汉市党部工人部长、武汉工人纠察队总指挥、湖北省总工会委员长、中华全国总工会执行委员会委员等职。1927年在中共五大上当选为中央委员，在党的八七会议上当选为临时中央政治局委员。因共产国际、联共（布）过分强调阶级成分，因此在1928年于莫斯科召开的中共六大上继续当选为中央委员。在党的六届一中全会上当选为政治局委员、常委、中央总书记。但实际上，他并不具备中共总书记的领导才能。

---

① 1931年6月22日，向忠发在上海法租界善钟路被捕后叛变，24日于龙华监狱被国民党枪杀。

领导省港大罢工的——苏兆征

　　苏兆征，广东潮州人①，海员工人出身，在共党的许多工人党员中，为最享盛名亦最有能力之一人。南方工人对之，有绝大的信仰，谓为南方工人运动中之灵魂，足可当之无愧。广东工人群众中，有一句流行的口号："我们的领袖苏兆征同志！"正如苏联工人群众中，流行"我们的领袖同志列宁"相同。

　　苏兆征为一内心热烈而外表冷静之人，不善言词，望之似很冷酷，使人不愿与之接近，然其实为广东数十万工人之真正领袖。广东工人之拥护苏兆征，与海陆丰农民之拥护彭湃相仿佛。时陈独秀为共党最高领袖，然广东工人对陈独秀之信仰，远不如对苏兆征之热烈。

---

① 　苏兆征 1885 年 11 月 11 日生于广东省香山县淇澳岛（今为珠海市）。

中 ★ 国 ★ 的 ★ 红 ★ 星

民国十四年，苏兆征任全国总工会委员长，沙面惨案发生后，轰轰烈烈的省港大罢工，实以苏为中心①，当时如无苏领薄，省港罢工纵能实现？亦决不会有如此成绩。省港大罢工之结果，使英帝国主义多年经营之香港，几变成废墟，故英帝国主义欲得苏而甘心，屡次使人谋暗杀苏而未果。

武汉政府时代，苏兆征因广州四一五事变结果，根本不能在广州立足，乃离广州而赴武汉，任国民政府委员，同时仍为中华全国总工会委员长。武汉政府在三中全会以后，添设交通，教育，卫生，农政，劳工各部。（按国民政府在广州时只有外交财政二部）即以苏为劳工部长，月薪在千元左右。惟苏之根据地在广东，武汉工人运动则以向忠发为领袖，与苏并无何种关系，故苏虽为一月新千元之特任官，而在武汉工人群众中，仅为一偶像，无多大作用，人徒知其为劳工部长，国民政府要员之一，几忘其为工人领袖也。

共党五次大会中，苏兆征当选为中央政治委员②，八七会议，苏亦为推翻陈独秀机会主义者一，任共党中央组织部长。武汉政府反共态度明显后，苏即潜往上海，后广州暴动勃发，苏被举为广州苏维埃政府主席，人民委员会委员长，然苏当时实在上海，并未前往参加，此举仅足表示广州工人爱戴苏之热烈而已。

民国十八年春，苏兆征因病情然死于上海一小医院中③，此受数十万工人拥护之领袖，死时情形之冷落，实出人意外。苏为

---

① 1925年5月，第二次全国劳动大会于广州举行。这次会议成立了全国统一的工会组织——中华全国总工会，林伟民为委员长，刘少奇为副委员长，苏兆征为执行委员。省港大罢工时成立了罢工委员会，苏兆征为罢工委员会委员长。
② 应为中央政治局候补委员。
③ 1929年2月25日，苏兆征因病抢救无效在上海逝世。

人富服从性，常表示一切问题均服从党的指导。自苏离广东后，南方工人运动，即呈消沉状态，无好的领袖领导，实为最大原因，如苏尚在，当不至此。

编后语：苏兆征（1885—1929），中国工人运动的杰出领袖，香港海员罢工和省港大罢工的主要领导者之一。1929年2月26日，中共中央政治局向全党发出的关于悼念苏兆征同志逝世的三十二号通告指出："苏兆征同志在这几年的工作过程中，充分表现了无产阶级的艰苦卓绝的精神和坚决的政治意识，的确是党的最好的指导者"，"兆征同志的革命精神，真是全党同志的模范"。他是100位为新中国成立作出突出贡献的英雄模范人物之一。

销声匿迹的——于树德

　　于树德，字永滋，河北丰润人①，小地主出身，家中有田二三百亩。父名于富英，为一土豪。北方民风强悍，故于父亦带有好汉性质，开门收徒，在津东一带，颇有势力。于在本县高小举业后，即往天津就学，毕业于天津直隶省立法政专门学校，不久，又赴日留学，入京都帝国大学经济学系。

　　于树德初抵日本②时，意气甚豪，然抵日未几，家庭中即发生惨变。缘于有一远房族叔，家庭较于富有，势力也较于父为大，而与于父积不相能，骨肉相残，于父遂被陷害，以贩卖吗啡罪名，被当时天津警察厅长杨以德捕去监禁。此事使于受一重大

---

① 应为河北静海人。
② 1918 年于树德留学日本京都帝国大学经济学部。

刺激，更兼在日本之环境，处处遭受异族之压迫凌辱，致于感受刺激愈深。时其同学如安体诚（安不仅为于在东京之同学，且为于天津法专同学，同时更与于为丰润小同乡。）陈启修等，思想均极左倾，于亦颇受影响，终于在民国十一年，由安陈二人之介，正式加入共产党。

于树德在京都帝大毕业后回国，即膺杭州马坡巷浙江省立法政专门学校之聘，在该校担任教授，同时任共党杭州地委。（当时共党组织，无省委县委，而名为区委地委。）不久，因杭州环境不佳，乃离杭北上，掌教于北京大学。

时北方共党领袖为李大钊，任北京大学图书馆长之职，在北大颇有地位。于树德在北大掌教，因李大钊为共党前辈，故对之甚为恭敬，李亦极推崇于，称许其有政治天才与活动能力，故极力推荐，使于得能崭然露头角，于国民党第一次全国代表大会之中，当选为第一届中央执行委员，与李大钊谭平山鼎足而三，成为国民党中共党份子之要人。时张国焘毛泽东瞿秋白等，仅当选为候补中央执行委员。于并因李援引之故，当共党顺直区委改组时，亦得当选为区委之一焉。

中国国民党第一次全国代表大会以后举行之第一届一中全会，决议于北京上海汉口哈尔滨四埠，设置中央执行委员会之执行部，每一执行部，指定若干中委负责主持，北京执行部，即由李大钊于树德等负责。李大钊因其他任务极多，对于执行部事务无暇过问，故实际上几尽由于树德一人处理。北京执行部所管辖之范围，为直隶河南山东山西陕西诸省，且因当时哈尔滨执行部尚未成立，故东三省及热河绥远察哈尔三特别区，亦由北京执行部管辖，范围极大，职权极重，由于①主持一切，此时实为于之

---

① 于树德当时为北京大学教授。

全盛时代。

民国十四年冬，北京有西山会议之举行，以北京执行部在共党份子之手，攻击甚烈，而于树德遂首当其冲。时西山会议派邹鲁等以别无办法，只得用暴力压迫北京执行部，乃雇就多数打手，将北京执行部打得落花流水，而沙滩银闸胡同于之住宅，亦被捣毁，于且被殴成伤，卧病协和医院，七日始愈。此事因非于之过失，故事后广州中央党部为赔偿于所受之损失起见，曾给于以多数津贴。

于树德自出协和医院后，即赴广州参加国民党第二次全国代表大会，在第二次大会中，共党份子有秘密党团的组织，而于为党团干事会之一份子，（党团干事会共有七人）故在大会中地位颇为重要，与张国焘毛泽东恽代英有四大金刚之称。于亦颇思扶植其在北方之势力，故北方代表江浩韩麟符路友于等，皆因于在党团中代表吹嘘，得在二次大会中圈入中委及候补中委之列。北方党务，素惟李大钊马首是瞻，二次大会中，李未南下，于乃隐然成为北方代表之领袖焉。

第二次全国代表大会之结果，于树德仍当选为中委，但大会中决议废除各地执行部，故于回北方后，仅有一北京党部可供活动。三一八惨案发生后，于在北方不能立足，乃偕同鲍罗廷谭平山邵力子顾孟余朱家骅安体诚陈启修等由平走粤，参加二中全会，因不能再返平，乃留在广州，任黄埔军校政治教官。

武汉经北伐军克复以后，中央党部及国民政府旋即北迁，于树德亦随往武汉。宁汉分裂，武汉成为共党天下，恽代英吴玉章谭平山苏兆征林祖涵等皆高官厚爵，盛极一时，而于树德之名，反默默无闻。但于此时并不失意，盖其负有"北方特别委员会"之特别任务，此项任务，为组织北方各省之党部民众团体，收买北方军队，刺探北方消息种种特殊任务，范围既广，任务重大，故于之收入，亦颇不赀。

北方特别委员会之主要任务，在于北京，而山东山西河南等省，皆在其范围之内。时河南邻近武汉，且奉军南下，有饮马长江之势，武汉政府为先发制人计，乃倾师入豫，北伐讨奉，而河南遂为北方特别委员会工作中心焉。时河南之最大问题，为红枪会。河南红枪会共有数十万，如与武汉政府为难，则可以致武汉政府之死命；反之，如与奉军为敌，则奉军必败，故红枪会对于两方，有举足轻重之势，而武汉政府，乃倾全力作红枪会运动。初，红枪会对武汉军颇不利，豫南红枪会掘断信阳与武胜关间之铁路，断武汉军之后路，且包围信阳，缴魏益三之械，（时魏益三受武汉之委任为师长，驻守信阳城）勾结张万信，（张万信本由武汉政府委为新编十六师师长，驻遂平城，武汉军入豫，即投奉）残杀政治工作人员，于树德乃建议政府，而将红枪会改编为人民义勇军，由政府委任唐生智为人民义勇军总指挥，于树德为人民义勇军总党代表，于乃随军入豫，且为共党前方之总负责人焉。

于树德之在河南也，负有国共两党之二重使命，风头之健，莫与伦比。但不久，武汉政府即告失败，于不满意共党之暴动政策，同时亦心恶国民党之官僚化，乃回上海，登报启事，谓奉母隐居，不闻政治。迄今十年，其姓氏亦渐湮没无关，销声匿跡（迹），不知其究在何方，亦不知其是否尚生存于人世间也①。

---

① 大革命失败后，于树德主要从事教育工作，讲授合作社理论。1933 年，在中国共产党领导下，参与了为李大钊烈士举行公葬和立碑的活动。抗战胜利前夕，曾任中国工业合作社协会副总干事。新中国成立后，先后担任中央合作事业管理局副局长、中华全国供销合作总社监事会副主任，全国政协第二、第三届委员会委员、政协第四届委员会常务委员。1982 年病逝于北京。

中 ★ 国 ★ 的 ★ 红 ★ 星

编后语：于树德（1894—1982），早年参加辛亥革命，1918年留学日本，开始接触马克思主义，1922年加入中国共产党，同年经李大钊推荐出席列宁召开的远东民族会议。大革命时期，他在李大钊领导下参与主持北京、天津的学生运动并参与了国民党的改组工作。他热爱中国共产党，热爱社会主义事业，长期与中国共产党合作，为人民做了有益的工作。

北方共党领袖——安体诚

　　安体诚[①]，字存斋，亦字存真，河北丰润县人。其家为一大地主。权有良田三千亩，故虽属农家子弟，仍能受充分教育。自本县中学毕业后，即入天津直隶省立法政专门学校，在该校毕业后，即东渡扶桑，肄业于京都帝国大学经济学系，与周佛海陈启修于树德等同学。时安年事尚轻，而中国共产党亦尚未成立，安在日本受教授河上肇等薰（熏）陶，乃信仰马克思主义，与国内陈独秀李大钊沈玄庐等通信讨论组织马克思主义学会。未几，陈等正式发起共产党，安亦列名参加焉。

　　民国十年，安体诚学成归国，十一年，在其母校天津法政专

---

① 安体诚 1896 年生于直隶省（今河北省）丰润县阎家铺。

门学校任教授，同时负天津地方委员组织部长之职①。此时共党初创，党员极少，安极力经营，使天津党务，颇得发展。其后复由共党派其赴开平滦州一带煤矿区域工作，亦颇著成绩。

十二年，安复参加共党第三次全国代表大会②，奉派赴奉天工作。盖奉天为东北省府，工作极为重要，但至十二年春，共党在奉天尚未建立基础，于是安奉此使命而往，为建立党基础之工作。安抵奉天后，寓南门外基督教青年会，即开始工作，东三省至此，乃有正式之共党组织。但安因此而遭奉天当局之忌，被张作霖拘捕下狱，幸狱卒之一，与安同乡，曾为安家中之佃户，对安颇有同情，乃纵之出，并偕逃至北京。

安体诚在北方既被通缉，乃至上海，由共党中央派赴杭州，任地方委员会书记，领导浙江党务工作，且被聘为杭州浙江省立法政专门学校教授，此民国十三年春间事也。安虽在杭州当教授，但每星期必至上海，向共党中央报告工作，顺便在上海大学亦授课三小时。又安除在杭州法专与上海大学教课外，兼任工作极多，计有共党杭州地方委员会书记，国民党临时浙江省党部常务委员兼宣传部长，青年协进会常务委员，协进日刊③主笔等，甚为忙碌。

安体诚在杭州之赤色态度，至为明显，协进日刊，尤为宣传共党思想之利器，而共党中央机关报向导周报之通信处，即刊明"杭州马坡巷法政专门学校安存真转，"故杭州人士，无有不知其为共党要人者。杭州富商金润泉等，恐安行动不利于己，曾请浙督卢永祥加以制止。时卢与广东革命政府有相当默契，故对于国

① 1922 年初，经李大钊介绍，安体诚加入中国共产党，任中国劳动组合书记部北京分部领导成员兼天津特派员。
② 安体诚未参加中国共产党第三次全国代表大会。
③ 应为《浙江周刊》。

民党共产党之活动，取放纵主义，但以绅商进劝，又不得不设法制止，乃请省议会议长沈玄庐转请安氏到督署面晤，婉为劝导，请其态度勿过激烈，但安不为屈，态度依然如故。

民国十四年一月，共党在上海开第四次全国代表大会，安体诚亦代表浙江前往参加，选举结果，安当选为中央候补委员①。惟此时浙江卢永祥已走，由孙传芳统治，孙对于国民党共产党之活动，深恶痛绝，故极力压迫，而安乃遭通缉矣。时安方主持国民会议促成会运动，盖此时孙中山先生已离粤北上，号召团民会议运动也。安既被通缉，适浙江国民会议促成会选彼与黄文霞为浙江代表，参加北京之国民会议促成会全国总会，安乃借此北上，脱离浙江。

安参加国民会议促成会全国总会后，复回至上海，时五卅惨案已经发生，安乃在江苏沿沪宁铁路各县作扩大宣传，未几，又奉共党之命，派赴陕西工作。时陕西为国民三军孙岳部驻扎，安即在国民三军中工作，任孙岳秘书，于西安忠义街三号，设三军俱乐部、实则为共党宣传机关。安此时除任孙岳秘书外，复任共党陕甘区委，成为西北方面之共党要人。

民国十五年，国民三军失败，安体诚乃不得不离陕返北京，任国民党北京市党部组织部长，并在北大教书，兼任共党内部工作。三一八惨案之役，安在天安门参加民众大会后，即领导民众，至执政府请愿，被执政府卫队开枪击毙多人，安被挤倒在地，以致踏伤，其眼镜与皮包，亦均被抢去，时安在群众之前列，卫队开枪时，未被命中，亦云幸矣。

安于此役虽免一死，但又被通缉，时适谭平山于树德邵力子

---

① 安体诚未参加中国共产党第四次全国代表大会，更不可能当选为中央候补委员。

徐谦顾孟余朱家麟等亦在北京，多属被通缉之人，以车站轮埠，检查极严，不易脱身，乃与俄使馆接洽，横断内外蒙古，至赤塔，由西伯利亚铁道至海参崴，转赴广州，安乃亦偕逃。至广州后，著"内外蒙古横断记"一文，刊于广州民国日报。

安至粤后，即由共党介绍，至黄埔军校当政治教官，兼任政治部宣传科长，旋又在广州兼任国民党中央学术院教授，军事委员会高级训练班教官，及共党在黄埔军校党团干事之一。

十六年四月十五日，广东清党，黄埔军校亦同时举行，安事前偕军校入伍生政治部秘书欧阳继修，（即后来著名新文学家华汉）逃往上海，预备前往武汉。时上海亦已清党，对共党捉拿甚严，安抵沪后，寓广泰来旅馆，旋即在该旅馆被捕，于五月一日枪毙于枫林桥畔，时年方三十一岁。

编后语：安体诚（1896—1927），中国工人运动的先驱，陕西地区中共党组织的创建人之一，历任中国劳动组合书记部北方分部领导成员、中共北京区委委员、杭州党支部书记、西安特支书记、黄埔军校党团干事和政治部宣传科科长兼政治教官等职。新中国成立后，周恩来多次提到安体诚，深情地说："这个同志非常好，是在1927年被蒋介石杀害的。"

才气纵横的世家子——韩麟符

　　韩麟符为热河承德之世家子，慷慨任侠，乐与人交，故幼时朋友极多。当张作霖雄踞关外时代，热河都统为米振标，米有一子名国贤，素喜与韩来往，韩因是得以自由出入都统署。米都统家中男女老幼，对韩均非常熟悉，然不意竟因此酿成一段风流艳迹焉。

　　时米家有婢女名"馨"者，年方十六七，天生丽质，是令任何男子为之倾倒。韩麟符既常至米家来往，乃时得与馨见面，慕之特甚；馨亦觉韩才气纵横，风度举动，皆高出恒俦，亦暗自钟情。惟米国贤亦甚爱馨，且早视同禁脔，有金屋藏娇之想，为馨加姓曰"刘"，暗示"留"之终老之意。韩以米父为都统，刘馨又为米家婢，形格势禁，无法可施，乃暗中怂恿国贤送刘馨往北平就学，谓此姝娟娟，不啻一块无瑕美玉，不应听令埋没，国贤觉其言有理，乃向父要求，米振标不忍拂爱子之意，允之，国贤遂送刘馨入北京石驸马大街培华女校读书。

韩麟符见所谋已遂，亟追踪赴京，入北京大学求学，与刘馨暗中来往，互相热恋，北京中央公园北海子等电影院及大剧场，时见此一对玉人，双双进出，惟米国贤则尚被瞒在鼓中，不时由热河寄钱物与刘馨，且托韩多多照应。韩为人风流蕴借，北平妇女，对之追求者甚多，而韩独恋刘馨，旋且使刘转往女师大读书。

韩在北大，受教授李大钊之感化甚深，加入马克思主义研究会，为共党后起之秀①。尤擅演说，激昂时足使人血脉偾兴，沉痛时足使人流涕太息，为文则气势浩瀚，有一泻千里之势，且善书法，字迹瘦硬通神，如此人才，在共党中自应居要角地位，故韩加入共党后，即从事青年运动，一般青年对之，信仰甚深。民国十四年，段祺瑞出任临时执政，以章士钊为执政府秘书长兼教育总长，章为人顽固，就职后提倡读经，反对男女同学，主张废除白话文，解散女师大，种种开倒车行为，不一而足，以是引起多数青年学生之反感，适北京军事当局为同情青年学生运动的鹿钟麟，韩认为时机成熟，乃与刘清扬女士指挥青年学生游行示威，大打章士钊焉。

韩麟符于北大卒业后，被共党调往天津，从事于党内工作，足有半年之久。其后，又奉令与江浩安幸生王一德等往口外热察绥边界一带地方，从事于土匪运动，俾造成共党之下层基础，设总机关于张家口。韩运用其敏熟之群众运动手腕，与待人接物之机智，不数月间，即与口外之土匪首领称兄道弟。不久，土匪首

---

① 韩麟符 1920 年 10 月加入中国社会主义青年团，1923 年 1 月经李大钊介绍加入中国共产党。

领在绥远一带被都统李鸣钟捕获，判处死刑，临刑前，遗命交全权于韩，韩乃利用封建关系，实施对于土匪群众之赤化教育，扩大土匪组织，形成三千土匪之首领，为共党之口外王。不幸又为李鸣钟所知，下令缉捕，韩在口外人缘极佳，耳目众多，消息灵通，终于得平安回抵北京。

韩回抵北京后，即公然与刘馨宣布同居。米国贤醋气攻心，派人赴北平要杀之，幸韩消息灵通，早于事先偕刘馨同往天津，转赴上海，继复由上海赴广东，为国民党三届中央执行委员会之候补委员①，同时并任黄埔军校之政治教官。十五年，迁都武汉，韩亦随往，不久即升为正式中委，武汉各种民众大会，十之八九均由韩任总主席，执武汉民众运动之牛耳，风头之健，较邓演达亦未多让焉。

然为时未几，国共即告分裂，武汉政府倒台。八七会议后，韩夫妇先抵九江，南昌暴动时成立之革命委员会，韩亦列名在内。韩知九江不可居，乃辗转走上海，潜回天津②，埋头于共党之华北秘密工作。李大钊教授被张作霖绞杀后，韩继起为华北共党之元老，往来平津与关外，指挥工作，甚为努力。

不幸其助手在哈尔滨泄漏秘密，致韩夫妇同时在天津被捕，北方共党机关，亦为军警破获。依韩当时在共党内之地位而论，决无幸免于死之理。但韩人缘极大，关外之土匪，平津帮会，及服务于缉捕机关者，莫不以结识韩大哥为荣，韩幸赖此辈运动之力，得保全其生命。民国念一年，孙殿英入热河，其军队中有一部分人即属韩昔日为口外王时之徒众，当要求以释韩为条件，并

---

① 应为国民党第二届中央执行委员会候补中央委员。
② 南昌起义失败后，韩麟符回到天津，与中共顺直省委接上关系。1928 年在顺直省委领导下成立了中共内蒙古特别支部，韩任书记。

入孙军，韩遂充孙之代表，奔走于平津张垣一带。徐向前入川后，韩曾前往参加通江会议。念二年，热河沦陷，孙殿英率部由赤峰围场退往绥远边境五原磴口一带，韩时为孙军政治训练处长，力主入宁夏，以谋打通西北路线，与徐向前部红军会合。不幸此项计划，因晋绥军之极力压迫，竟告失败，韩遂拉拢孙军杨猴小部，计划由朴池定远经庆阳入陕，接应川北红军。后以杨猴小部经国军数度拦击，溃不成军，且深感自身万不能随杨部奔走，于是遂秘密潜往天津小住，无何即避大连。现孙已复起在冀北组织游击队，以困日军，韩不知是否已在军中，抑仍住大连也①。

编后语：韩麟符（1900—1934），中共早期党员，曾任国民党第一、第二届中央执行委员会候补中央委员、黄埔军校政治教官，参加了八一南昌起义，在中共顺直省委领导下，为创建中共内蒙古党组织作出了重要贡献，在革命统一战线方面也做了许多有益的工作。他牺牲在叛徒的枪口下，亦为悲壮。

---

① 热河沦陷后，蒋介石令孙殿英攻打冯玉祥。韩麟符劝阻孙殿英不要打察哈尔抗日同盟军，应一致对外，并宣传中国共产党的抗日救亡主张，着手组织农民抗日武装。1934年，蒋介石悬赏通缉韩麟符，韩携妻子回祖籍山西省榆次东苏村避居。9月22日被叛徒杀害。

青年运动领袖——恽代英

　　恽代英为湖北人①，学生时代即颇露头角，在武昌中华大学以第一名毕业，得湖北教育厅之优等奖状，一时学界传以为荣。恽之容貌，酷似朱执信，不特此也，即其性情行为，亦与朱执信相似，惟恽较为滑稽耳。

　　恽在学生时代，即颇活动，思想亦于此时开始左倾。毕业于武昌中华大学后②；即赴川，任泸州川南师范教务长。当时重庆有一新蜀报编辑萧楚女，与恽同乡同学而又同志，恽斯时已加入共党，与萧共同编辑新蜀报，宣传共产主义，使四川青年之思

---

① 恽代英祖籍江苏武进（现常州市），1895 年 8 月 12 日生于湖北武昌。

② 恽代英 1918 年 7 月于中华大学毕业，留校任中学部主任。1920 年秋应校长章伯钧之聘，去安徽宣城省立第四师范学校任教。1921 年 10 月去四川泸州，先后任川南师范学校教务主任、校长。

想，为之一变，而恽萧之名，从此遂为世人所共知矣。

民国十二年，恽奉共党之命，调往上海工作，抵上海后，即被任为社会主义青年团中央总书记①，并主编青年团之中央机关刊"中国青年"，并在上海大学任心理学教授。当时国民党中央执行委员会在上海环龙路四十四号设有上海执行部，恽复以共党党员资格，参加国民党，兼任上海执行部之宣传部秘书，其余所负之特种任务尤多，能者多劳，恽固足以自豪焉。

民国十四年一月，中国社会主义青年团改为中国共产主义青年团，恽代英当选为中央委员，并仍任中央总书记职如故。五卅运动起，全上海之青年均热烈参加，恽因职务关系，故实为当时青年运动之最高首领。共党中央复派恽为全国学生联合会党团总书记，负全国学生运动之最高指导责任。另一方面，恽所主编之"中国青年"，为当时最重要刊物之一。故在五卅运动中，恽代英之名，不仅足与李立三并驾齐驱，且在青年运动中之地位，尤在李立三之上，当时全国之知识青年，鲜有不知恽代英者。

五卅运动风潮低落以后，孙传芳在上海大施压迫手段，刘华即被秘密处死，一般较著名人物，遂亦不敢公然活动。恽代英深感本身之危险，乃由共党中央将其调赴广东，以上海市代表名义，赴广州参加十五年一月开幕之国民党第二次全国代表大会，当选为二届中央执行委员。大会闭幕以后，即留在广州工作。

恽抵广州以后，黄埔军校政治部副主任鲁易，即请其往该校讲演，一般学生见恽衣冠垢敝，貌不惊人，目为乡下土老儿，不愿聆彼之讲演。不意恽一上台讲演，即彩声四起，盖恽固具有煽

---

① 1923年8月，中国社会主义青年团第二次全国代表大会在南京举行，恽代英出席这次会议并当选为团中央候补委员，不久增补为中央委员，负责宣传工作，未担任过团中央总书记。

动天才，讲演尤为其之特长。当时武汉广州各处，革命空气高涨，演说为一种必要工具，据一般公评，当时最好之演说家，恽代英与汪精卫二人而已。恽之讲演，既受学生欢迎，校长蒋介石乃请恽在学校任政治主任教官，盖此时黄埔军校已改为中央军事政治学校，颇注重政治训练也。

时周恩来任东江行政委员，召集东江各县县长，开行政会议，邀恽代英往汕头参加演说，恽乃离广州，作潮汕之游，除出席行政会议外，复到处作煽动演说，于是东江人民心目中，乃深印一恽之印象矣。

共党对黄埔军校工作，颇为注重，在国民党二次大会以前，军校共党组织，仅一直属支部，由广东区军委派鲁易聂荣臻二人指导。恽代英至黄埔时，聂鲁均已离校，此时乃将直属支部改为特别支部，以杨其纲为书记，另设特别委员会，作最高指导机关，即以恽任书记。

恽在广东，因所负职务繁多，故其忙特甚，平均一日之中，须出席各种会议六七次，而来会之客，几乎座上常满，因此恽对于"向导""中国青年"等规定之文章，常于午夜瞌睡之际，始奋其天才，振笔出之。又恽在如此忙碌之中，往往无暇整容，须发怒张，常如猬戟也。

十五年十月，北伐军克武昌，中央军事政治学校在武昌设立分校，蒋校长特由前方来电，命恽代英北上，恽乃离粤赴鄂，任武汉分校之政治主任教官。恽本鄂人，故湖北省政府成立后，恽又被任命为省政府委员。不久，中央军事政治学校武汉分校由校长制改为委员制，恽为委员之一，且为常务委员。武汉政府北伐期内，恽又因总政治部主任邓演达之请，兼任总政治部秘书长。其时恽兼职累累，为武汉政府重要红人之一，月入甚丰，除兼职不取薪外，月入亦有六百金以上。但恽每月只用三十元，其余尽缴共党，以作党费，其尽忠党务，有足多者。

十六年二三月间，武汉有所谓恢复党权运动发生，恽乃大活动，有名之"打倒老朽昏庸"口号，即系恽所提出。五月，夏斗寅在鄂西发难，武汉政府乃将武汉分校学生组织成中央独立师，以侯连水沄为师长，恽为党代表，出发讨夏。

七月下旬，武汉已弥漫反共空气，恽代英奉共党命，派赴江西，乃于七月二十三日黄昏之际，搭乘黄琪翔之兵舰，秘密离开武汉，前往九江。抵九江后，即宿于黄琪翔之第四军政治部，时政治部驻甘棠湖烟水亭中，恽即宿于烟水亭上，因离汉勿遽，孑然一身，并行李亦未携带，由四军参谋长叶剑英之弟赠以帆布床一，毯子一。二十七日，恽忽又秘密离九江，赴南昌，盖为参加南昌暴动而去也。

八一南昌暴动发生，革命委员会成立。恽被选为革命委员会委员，且为主席团之一，并兼任宣传委员会代理主席，农工委员会委员，党务委员会委员等，依然为最重要之红人，地位不在谭平山之下。

贺叶南征军失败后，恽即逃至惠来，由惠来趋潮阳，预备由潮阳赴汕头。盖潮阳与汕头仅隔一海峡也。讵一至潮阳，即被该处游击队捕去，拘禁一斗室中。惟恽貌瘦小，憔悴不堪，游击队不知其为重要人物也，故管束不严，卒被越墙而逃，由汕头至香港。

恽至香港后，由其党派为招待委员主任，盖此时因贺叶军中共党要人逃港者甚多，需人专司招待也。时广东共党，正进行暴动，恽乃赴广州，住东山俄领事馆，计划暴动事宜。十二月十一日，暴动发生，恽乃被任为广州苏维埃政府秘书长，兼"红旗日报"主笔。暴动失败后，恽在广州逗留数月，即赴福建，在闽西工作。十七年七月，由福建回上海，即在共党中央工作，任共党中央候补委员及党报编辑委员会委员，在布尔塞维克及红旗上，发表论文极多。

不久，李立三当权，恽因反对立三路线之故，深为李立三所不满，而其中央要职，遂亦被停止，改派在沪东区任区委书记，其郁郁不得志之状可知也。

民国十九年秋①，恽在杨树浦被捕，由捕房押往公安局，复解往南京。恽被捕后，化姓名为王德（作）林，人亦以王德（作）林呼之，不知其为大名鼎鼎之恽代英也；故虽由沪解往南京，仅判以徒刑三年六个月，押南京中央监狱。在狱已将半年，忽为自首份子指出其为共党首领恽代英，乃于二十年一月②由狱中提出枪决于雨花台畔，时年三十八岁。

恽代英为共党中最得群众信仰之一人，青年对之尤甚，故恽之死，在共党为一绝大打击。

编后语：恽代英（1895—1931），中国共产党早期领导人之一，中国青年的杰出领袖，党内著名的理论家。历任团中央委员、宣传部长，主编《中国青年》，是中国青年的良师益友。他是中共第五届、第六届中央委员，国民党第二届中央执行委员，黄埔军校的主任政治教官。大革命失败后，参与领导南昌起义和广州起义，他还先后担任过中共中央南方局委员、中共广东省委

---

① 1930 年 5 月 6 日，恽代英不幸被捕，被押到英巡捕房。巡捕对他三番五次毒打，逼其供出真实身份。恽代英坚不吐实，利用敌人没有掌握确凿证据之机，机智地称自己叫王作林，是武昌电话局失业工人。
② 1931 年 4 月 29 日中午，恽代英英勇牺牲，时年 36 岁。

常委、中共广东省委机关刊物《红旗》主编，以及中共中央组织部和宣传部的秘书长。周恩来、董必武、宋庆龄、叶剑英等党和国家领导人曾纷纷题词，高度评价恽代英的革命精神。周恩来的题词是："中国青年热爱的领袖——恽代英同志牺牲已经十九年了，他的无产阶级意识，工作热情，坚强意志，朴素作风，牺牲精神，群众化的品质，感人的说服力，应永远成为中国革命青年的楷模。"他是为新中国成立作出突出贡献的 100 位英雄模范人物之一。

新文化运动健将——萧楚女

　　萧楚女，亦为湖北人①，与恽代英同乡而又同志，凡知恽代英者，无不知萧楚女。两人原属好友，在共产党中，均以致力青年运动而著名，性格志趣都差不多，平时所过生活亦大概相同，彼此均抱刻苦坚忍精神，努力向前干去。所不同者，则恽代英在政治上曾大出风头，萧楚女则终其一生，均在悲惨冷酷的境遇之中，未过一愉快之日，斯亦有幸有不幸也。

　　萧楚女本出身于寒苦，早年即丧父母，自幼寄人篱下，幸赋性绝顶聪明，故终能刻苦成人，其幼年经历，与高尔基颇相类

---

①　萧楚女，1893年4月生于湖北汉阳鹦鹉洲两湖河街一个破产的木商家里。关于萧楚女的诞生时间，有1897年说，1896年说，1894年说多种。本注释是采用萧楚女的妹妹萧宝华提供的资料核定的。萧宝华说："我是戊戌年（一八九八）年生的，我哥哥大我五岁。"

似，曾做过学徒，报贩，司书，轮船小伙计等苦差事，赖自己之
不断挣扎，始有上进。

萧自幼失学，除幼时曾靠亲戚帮助，读过几年私塾外，并未
正式进过学校，所有知识学问，多半由其刻苦自修得来。五四时
代，萧在武汉教书，兼在某日报投稿，此时萧因受新文化激励，
常参加当地种种新文化运动，思想，倾向，均比一般普通学生为
进步。当时各种运动，均以武汉一般大学生为中坚，萧对大学生
三字，久极羡慕，惟恨无钱入大学，难以满足自己求知苦心，乃
异想天开，常偷入武昌中华大学，暗地揩油读书①，因此得结识
多数大学生为朋友，与恽代英相识，亦即在此时。

其后萧楚女即与恽代英同往重庆教书，颇受四川学生
欢迎②。萧在重庆，除教书外，兼任新蜀报编辑，此时正值新旧
交战时代，社会改革呼声不息，五四狂潮犹在，萧即以斗争姿态
出现，一方面在重庆各校宣传社会主义学说，一方面在报上大
做文章，鼓吹种种新思潮，影响所及，四川青年思想为之一变，
从此萧楚女之名，渐为世人所知，川中青年，尤有高山仰止之
至望。

萧楚女在未赴四川前，即已加入共党③，在武汉做青年运动，
颇有相当成绩。惟以其个性太强，脾气躁烈，与李汉俊辈不合，
共党始将其调开，后来又将其自四川调往上海。时恽代英正在上

---

① 1818年7月，恽代英于中华大学毕业，校长陈时聘请他为中华大学中学部
　主任（相当校长），萧楚女是恽代英的好朋友，他在中华大学文学系旁听，
　得到恽代英的帮助。因无正式学籍，一般纨绔子弟讥讽萧楚女为"读揩
　油书"。
② 1921年10月，恽代英由少年中国学会陈愚生的推荐，到四川泸州，任川
　南师范教务主任。与此同时，萧楚女应重庆联合中学校长熊禹治的聘请来
　该校任教。
③ 萧楚女1922年加入中国共产党。

海主编"中国青年"，萧在上海，仍与恽一起做共党中央工作，两人专门经营"中国青年"。"中国青年"为共产主义青年团机关杂志，是当时最脍炙人口的一种刊物，萧在该刊上为文甚多，故其影响于青年亦最大，凡读过"中国青年"的人，无有不仰慕萧楚女其人者，其文名骎骎驾于恽代英之上。

萧楚女①在上海，为民国十三年至十五年间之事，是时国家主义派亦群集于上海，（曾琦主讲大夏，陈启天余家菊左舜生辈都在上海教书，或任中华书局编辑）倚仗孙传芳之势力，以醒狮周报为宣传利器，天天在报上攻击国民党与共产党，不云"蒋介石已赤化"，即云"广东政府实行共产"，造谣中伤，无所不用其极。斯时也，敢于单枪匹马，与国家主义派大战者②，即为萧楚女。敌人如何进攻，即如何反攻，左一篇文章，右一篇理论，不绝在"中国青年"上发表，将国家主义派骂得狗血喷头。笔诛不足，继以口骂，口骂不足，继以用武。某日，曾琦在徐家汇复旦中学演讲，适萧亦在，上台一拳，即将曾琦打倒，一时传为笑谈。从此一般国家主义派，对萧衔恨甚深，私赐以嘉名曰"共产瘟神"。

萧楚女之反国家主义，已如上述，但同时亦为戴季陶之反对派。盖当国共合作以后，最大问题，为如何一致对付帝国主义者，对于极细微之内部纠纷，谁皆不愿提起，独戴季陶哓哓不已，日与共产党算账，甚且著"国民革命与中国国民党"一书，

---

① 萧楚女1925年5月奉党之命来到上海，协助恽代英主编《中国青年》。
② 1925年10月，萧楚女写了《显微镜下的醒狮派》一书，作为中国青年社丛书第六种发行，全书共27节，彻底批驳了《醒狮》周报从第1期至50期散布的各种谬论，特别是对国家主义派的核心理论——超阶级的国家观、反对无产阶级革命和无产阶级专政的理论进行了彻底的批判，使广大革命青年认清了国家主义派的反动本质。

大发共产党的牢骚；共党认戴此种牢骚，实系曲解总理学说，乃群起而攻之，其中最卖力者，即为萧楚女①，亦著"国民革命与中国共产党"一书，针锋相对，痛驳戴之文章。因此一举，惹起国共间许多纠纷，于是彼此都不高兴，彼此都抱怨自己人，结局则为大家牺牲意见，大家谅解，彼此责备自己人。国民党警告戴季陶以后不得擅发议论，共产党亦在机关报"向导周刊"上，声明萧楚女之言论为个人行动，禁止"国民革命与共产党"一书出版，并执行铁的纪律，予萧以留党察看处分。一天大事，始得烟消云散。

五卅以后，萧楚女被共党中央派往河南工作，曾一度赴各地国民军中讲演，颇出风头。但在党中，却总不得意，据说系因其个性太强，喜欢骂人之故。十五年春，国民党开第二次全国代表大会，萧楚女随恽代英沈雁冰以上海市党部出席代表名义到粤。二次大会以后，毛泽东继续代理中央宣传部长，沈雁冰充中宣部秘书，萧亦入中宣部为干事。时广东大学（今改中山大学）创办社会科学专修院，萧亦被聘为教授，任讲十九世纪社会思想史，其后又为农民运动讲习所教务主任，转入黄埔军校为政治教官。

萧楚女之名甚为香艳，不知者均以为系一姣好女子，实则萧之容貌，既丑且麻，虽求爱若渴，而一般从事政治工作之女同志，皆望望然而去之。当时革命人物，类多有韵事流传，独萧备受凄凉况味。一度与葛季膺恋爱，亦未成功。萧因求爱不得之故，愤其貌丑，乃改名曰丑女。

民国十六年春，萧楚女因病由黄埔来省城，入东山中山大学

---

① 1925年8月10日，萧楚女写了《国民革命与中国共产党》，9月1日，又写了《戴季陶拥护掠夺弱小民族的国际资本帝国主义》。这两篇文章，深刻批判了戴季陶在《孙文主义之哲学的基础》《国民革命与中国国民党》中所散布的破坏第一次国共合作统一战线，诬蔑共产党的一系列谬论。

医院，在院月余，病日加剧。四月十五日，广州清党，萧因病重，不能逃避，乃于四月十八日下午五时，被侦探杖毙于东山医院，时年三十三岁。

编后语：萧楚女（1893—1927），中国共产党早期著名的理论家、中国青年运动的著名领袖之一，积极投身五四运动，1920年在安徽宣城省立师范任教，与恽代英等发起组织中国社会主义青年团。1922年加入中国共产党。1924年任中共中央特派员，负责筹建中共四川党组织，并主编《新蜀报》。1925年在上海协助恽代英主编《中国青年》，1926年春到广州任黄埔军校政治教官，广州第六届农民运动讲习所教务主任。1927年在广州四一五反革命政变中被国民党杀害。5月20日出版的《国民公报》报道："萧楚女在粤被捕，蒋介石电令处极刑。"萧楚女牺牲时年仅34岁。他是为新中国成立作出突出贡献的100位英雄模范人物之一。

CY 中央秘书——张秋人

张秋人，浙江诸暨人①，曾在教会学校读书，以故长于英文。张加入共党甚早②，在共党中，以活动份子见称，任上海大学英文教师。

民国十四年，五卅运动发生时，张秋人正任共产主义青年团中央秘书，故在五卅运动中，亦为一重要的学生运动领导者，惟因系在幕后活动之故，遂不如李立三林钧等一般公开活动者知名。但幕后活动，实较公开活动更具有重要作用，当时张除出席各种秘密会

---

① 张秋人 1898 年 3 月 19 日生于浙江省诸暨县南乡牌头镇水霞张村。
② 张秋人 1921 年在上海加入中国社会主义青年团，1922 年初加入中国共产党。

议，指导一切外，复实际主编共党中央机关志"中国青年"①，兼负各种学生刊物审查指导之责，故在五卅运动中，颇为忙碌。

其后五卅运动高潮，在上海因奉军之压迫而告低落，许多活动份子，皆纷纷躲藏，或离开上海。张秋人因自身色彩浓厚，遂亦于此严重空气中离沪。是年秋，在芜湖新民中学任英文教员。任教仅一学期，寒假时，仍回上海，不久，应高语罕之召，赴广州，入黄埔中央军事政治学校，任政治教官，即于此时与后南京交通部电政司长庄智焕之妹庄炯发生恋爱。

十六年四月十五日，广东清党，张秋人逃回上海，由共党中央派在上海总工会工作，任总工会机关志"上海工人"编辑。当时张颇为失意，因其在共党中的地位，本为一中级干部，但在上海总工会中，简直处于群众地位故也。是年秋，应女友之约，往杭州游湖。张明知杭州危险，但为热恋该女友之故，不得不往，果也，正常鼓浆拔掉之时，为其过去弟子自首后任公务员者所见，独乘一艇追捕。张在游艇中心慌意乱，跃入湖中图脱，终于为其弟子所获，解往公安局枪决。王任叔杭游杂诗中有云："青山隐隐水迢迢，我欲湖中赋大招，跃水如龙求脱兔，犹将碧血染云霄。"即咏张事也。

编后语：张秋人（1898—1928），中国共产党早期著名的

---

① 1924 年 9 月 25 日，团中央局为编辑《中国青年》和供《团刊》《平民之友》稿件，指定任弼时、张伯简、何味辛、邓中夏、张秋人、恽代英、林育南 7 人为编辑员（团中央常委会记录，1924 年 9 月 25 日）。

活动家和宣传家，1924年6月任团的江浙皖区兼上海地方执委会书记。1926年3月，张秋人奉命到广州，继毛泽东、沈雁冰之后，接任国民党政治委员会机关报《政治周报》的编辑工作。《政治周报》停办后，张秋人在毛泽东主办的第六届广州农民运动讲习所和国民党广东省青年部举办的第一、第二届青年训育员养成所担任教员，不久，又被调派到黄埔军校担任政治教官。大革命失败后，为迅速整顿、恢复遭受严重破坏的浙江省委，张秋人临危受命，到杭州担任中共浙江省委书记。1927年9月29日上午，张秋人夫妇在西湖滨雇游船时，遭到黄埔军校第五期两个右派学生的盯梢而不幸被捕，1928年2月8日英勇牺牲。

茅盾胞弟——沈泽民

　　沈泽民，浙江桐乡县乌镇东栅人①，著名文学家沈雁冰（茅盾）同胞兄弟也。自幼即聪明过人，因其兄雁冰为共产党，故很早即加入社会主义青年团，成为共党之一员②。泽民本系南京河海工程学校出身，但因对河海工程不感兴味，而喜爱文学政治，故来沪入上海大学肄业。时其兄雁冰在商务印书馆任编译之职，主编文学研究会丛书及会刊小说月报，泽民读书之暇，常以翻译稿投商务，如是者二三年，文名渐起，至今商务尚有其翻译小说书籍出售焉。

　　其时共党最高领袖为陈独秀。但瞿秋白地位亦颇不弱，有代

---

① 沈泽民 1902 年 6 月 23 日生于浙江桐乡县乌镇。

② 1921 年 4 月，经沈雁冰介绍，沈泽民在上海参加了中共上海早期党组织。

陈而起之势。沈氏兄弟，与瞿同为文学研究会会员，交情甚密，瞿因泽民素无职业，卖稿虽名利双收之事，而收入太少，且泽民颇欲活动，乃介绍其至环龙路四十四号国民党中央上海执行部宣传部任干事。

泽民虽以秋白之力，得任上海执行部干事，但干事地位低微，八十元月薪，仅以对折支付，尚须积欠，故泽民意颇怏怏，思得商务学生杂志编辑一职，然结果又未能如愿以偿。盖此时学生杂志编辑为杨贤江，在商务颇有历史，因亦稍有地位，动之不易，而泽民之资望，尤不足以取而代之。泽民既不能成功，意殊懊丧，幸秋白慰之，再为之设法介绍至民国日报馆总经理邵力子处，任要闻编辑，复因其日间颇多余暇，又介绍其至上海大学附中任教。

五卅运动中，泽民亦为共党重要活动份子之一，一方面以国民党中央上海执行部职员资格，在党员方面活动，另一方面则以新闻记者资格，在自由职业者一方面活动，故在五卅运动中，泽民实为自由职业团体之组织者与领导者①。但泽民活动虽力，而运殊不佳，上海大学既于六月四日被上海租界当局所封，国民党中央上海执行部又告改组，孙铁人何世桢等一派获胜后，共党份子淘汰殆尽，泽民地位虽低，然以列名共籍，自亦无所例外。不特此也，民国日报因邵力子之辞职赴粤，内部多有更动，故泽民在民国日报之职业亦落空。幸共党此时为扩大宣传起见，组织一国民通信社，在瞿秋白直接指导之下开始发稿，泽民遂亦加入为编辑。但不久，又与该社经理邵季昂发生龃龉；瞿秋白乃又介绍其至上海总工会委员长李立三处，在工会会计处任事。

---

① 1925年6月3日，党中央决定创办《热血日报》，指导五卅运动，由瞿秋白任主编，沈泽民、郑超麟、何公超等参加编辑工作。

泽民在总工会时期甚短。未几，总工会为奉军邢士廉所封，其后虽自动启封，但孙传芳来后，压迫更甚，副委员长刘华既被秘密杀害，总工会活动份子之被捕者亦日有所闻，泽民深感处境危险，颇不自安，适此时第三国际在莫斯科成立中山大学，泽民乃乘机要求赴俄。时瞿秋白仍为党中要员，对于大小事务，均有决定之权，经泽民向秋白说项之下，秋白即允其偕其妻张琴秋一同赴俄，入中山大学肄业矣。

中国共产党在莫斯科组织有旅莫支部，泽民抵莫斯科时，旅莫支部之书记为任卓宣，与泽民交好甚密。后旅莫支部因与中大教务长俄国人米夫意见冲突，宣告改组，任被派回国，在广东省任宣传部长，泽民则仍为中大学生兼翻译，且成为米夫之心腹，"二十八个布尔塞维克"之一焉。（二十八个布尔塞维克为陈绍禹，秦邦宪，张闻天，沈泽民，杨尚坤（昆），汪盛荻，王嘉（稼）祥，殷鉴，王云程，陈昌浩，陈原道，王保礼，王威（盛）荣，朱子纯，何子述，郭妙根，朱阿根，王修，杜廷，孟庆树，张琴秋，恽玉荣，夏曦，李作（竹）声，杜作祥，盛忠亮，袁家庸（镛）。）

民国十九年，共党方由李立三当权，即所谓立三路线时代。第三国际以中国方面无人能制止立三之盲目行动，乃命中山大学教务长米夫充任代表，率陈绍禹沈泽民等二十八个布尔塞维克全体回国。迨立三路线被推翻以后，沈即任共党中央政治局常务委员[1]兼中央宣传部长。

念二年夏，陈绍禹被攻击去职，沈泽民亦联带下台。是年秋，泽民被派往鄂豫皖苏区，任鄂豫皖特委书记[2]。但泽民抵鄂

---

[1] 在1931年1月7日于上海召开的六届四中全会上，沈泽民补选为候补中央委员。

[2] 1931年4月，沈泽民奉命前往鄂豫皖革命根据地工作，在1932年1月10日召开的鄂豫皖省党的第一次代表大会上当选为省委书记。

不久，即患病，于念三年七月中旬——约七月十五日至二十日之间，死于鄂豫皖苏区。泽民死后，关于其死因，传说不一，有谓系自杀者，有谓系被杀者，实则泽民确系病死，因当时苏区疫疠盛行，又缺乏医药，致死者如麻，泽民亦不过其中不幸者之一而已①。

编后语：沈泽民（1902—1933），中国共产党早期领导人之一，1920年7月，与同学张闻天东渡日本，到东京帝国大学半工半读，在那里学习了日文版的《共产党宣言》和《国家与革命》，树立了对马列主义的坚定信仰。1923年12月，担任上海大学社会学系教授，兼编上海《民国日报》副刊《觉悟》，1924年初被选为中共上海地方委员会委员，同时与毛泽东、邓中夏、恽代英、向警予、罗章龙等，参加了国民党上海执行部的领导工作。1926年入莫斯科中山大学学习，翌年任该校政治经济学教师。1931年4月，沈泽民派往鄂豫皖革命根据地工作，犯有执行王明"左"倾教条主义的错误，但他又是最早认识到"左"倾教条主义错误危害的领导人之一。1933年11月10日，沈泽民抱病给党中央写报告，沉痛检讨了省委过去在斗争中的错误，主要是执行中央"左"的路线所造成，表示今后要"洗心革面，重新做起"，"唯有万死的决心未转变"。

---

① 1933年11月20日，沈泽民因严重肺病吐血不止，在湖北红安县天台山芦花冲与世长辞。

广东省委组织部长——李硕勋

　　李硕勋，又名李陶，四川嘉定人^①，与郭沫若同乡。五卅运动时，李为上海大学著名活动份子，参加上海学联会，为上海学联会执行委员之一，又代表上海学联会参加全国学生联合会总会，当选为总会执行委员兼总务部主任，以坚毅持重的态度，获得全上海学生的拥护，为学生会方面最重要最有权威的领袖，亦可谓为五卅活动份子中最重要之一人。

　　民国十五年冬，北伐军克复武汉以后，李硕勋即赴汉加入第四军政治工作，初任第十二师政治部秘书，其后升任为第四军第

---

① 1903 年 2 月 23 日，李硕勋生于四川省庆符县（现称高县）庆符镇。

二十五师政治部主任①。武汉政府河南北伐之役，李亦参加在内。其后共党在南昌暴动，二十五师有一团人（七十三团）参加，故李依然在南昌任二十五师政治部主任，随革命委员会南征，及革命委员会失败以后，李尚在三河坝松口一带，（当时周士第之二十五师与朱德之第九军留守三河坝松口一带）不久，此二部队亦为桂军黄旭初所败，朱德率领残部往北江投范石生，李硕勋则与周士第等由三河坝逃入福建，由漳州化装至厦门逃回上海。

李硕勋回抵上海以后，即由共党中央派在江苏省委任秘书长，此十七年春间事也。十八年，江苏省军委书记彭湃被捕枪决后，李富春由法南区区委书记调任为江苏省军委书记，而李硕勋亦由江苏省委秘书长调任为江苏省军委秘书。其后李富春由江苏省军委书记调任共党中央军委代理书记，于是李硕勋亦遂由江苏省军委秘书升为共党中央军委秘书。

二十年春，李硕勋奉共党中央命令，派往广东，任广东省委组织部长，旋又分派往琼崖，任琼崖红军军委书记，因此时周士第方任琼崖红军总指挥，李向与周士第同事故也。但李尚未到达琼崖，即在自香港赴琼崖途中，被公务员所逮捕，解回广州，即在广州东校场枪决②。李枪决后，其夫人赵君陶，即携其二子回四川嘉定原籍。

---

① 国民革命军占领武汉后，李硕勋来到武汉，还先后任中共武昌地委组织部部长、中国共产主义青年团湖北省委书记等职。

② 1931年7月上旬，李硕勋乘船由香港抵达海南岛首府海口市，住在得胜沙路中民旅店，按照秘密地址，与琼崖地区党组织和军事负责人联系，准备召开军事会议。但由于叛徒的出卖，李硕勋不幸被捕。1931年9月16日，李硕勋在海口市东校刑场英勇就义。

编后语：李硕勋（1903—1931），早期全国学生运动的杰出领袖，卓越的军事指挥员之一，曾担任第七届全国学生联合会总会长兼交际部主任、共青团湖北省委书记，参加了八一南昌起义，随后任中共江苏省委秘书长、中共浙江省委代理书记、中共江南省委（辖江苏、上海、浙江、安徽）军委副书记、书记、中共广东省委军委书记等职务，对大革命时期党的学生运动和土地革命前期党的军事工作作出了重要贡献，1931年因叛徒出卖，英勇就义。他是为新中国成立作出突出贡献的100位英雄模范人物之一。

浙江共党魁首——宣中华

　　宣中华，浙江诸暨南乡人①，其父为一中农，家庭经济状况颇为困窘。宣幼时即聪慧过人，为其邻里亲戚家长所钟爱，在亲戚辈交相济助下，由城中同文小学毕业后，即入浙江省立第一师范，于民国九年毕业。

　　宣在师范学校时代，为一十足风头主义的青年，颇有政治天才，善书法，沈玄庐曾给以"雄壮可嘉"的好评，宣感于玄庐之知己，后来便成莫逆。

　　五四运动中，全国青年学生都起来组织学生会学联会，宣中华在此时期，颇为活动，被选为杭州学生会理事长，浙江全省学联会评议员，并为出席全国学联会之浙江代表，风头颇健，曾被

---

①　1898 年 7 月 4 日，宣中华生于浙江省诸暨县牌头中央宣村。

称为五四运动中之健将。

当时全国各地，新思潮空气均甚浓厚，而共产主义学说尤为一般青年人所欢迎，良以有俄国大革命成功之先例在前，固非一般抽象的空泛学说可比也。宣中华既为五四运动健将，自无不加入共党之理①，时加入共党者，尚以知识青年居多，充分暴露能说不能行之弱点，宣则一反所为，实际努力，进行下层工作，与沈玄庐等由上海而至萧山东乡街（衙）前，（其地即为沈玄庐之家乡）筹划开展农民运动，脱去长衫，跣脚赤膊，整日在田野间，与纯朴之农民辈过共同生活，宣传共产主义。如此实际工作，自易博得农民辈之信仰，先后集有二百余众。宣为深入农村计，复于沈玄庐私宅中办一农村小学，用斧头镰刀的大红旗为校旗，借小学生关系，接近农民，收效颇宏。宣既有相当群众实力，即于是年十月俄国革命纪念日成立农会。成立后，玄庐急走上海，向陈独秀报告，陈颇为嘉奖，且助以活动费。十一月间，第三国际在莫斯科召集国际农民代表大会，中国共产党因尚在萌芽时代，农运人材更十分缺乏，一般算来，不能不推宣中华为其中巨擘，兼之玄庐在独秀前极力为宣揄扬，于是宣逐为中国共产党出席国际农民大会代表②。宣抵莫斯科后，在大会上报告自己在浙江萧山实际组织农民之经过，颇受第三国际之奖誉，直至民国十年二月间，始行回国。宣以此行之故，在中共之地位，为之增高不少。

---

① 1924年1月10日，宣中华由徐梅坤等两人介绍加入中国共产党。
② 应为远东各国共产党及民族革命团体第一次代表大会。宣中华在出席这次会议的代表调查表"现有什么委任状"一栏中写道："衙前农民协会委托出席伊尔库茨克太平洋会议的委任状。"在"委任状签署者"一栏中写道："无个人签名，只有该组织的印章。"载中共一大会址纪念馆编：《中共首次亮相国际政治舞台（档案资料集）》，上海人民出版社2016年版，第308页。

宣中华回国后，在上海共党中央作一报告，即被派回萧山，加紧农民运动工作。宣遂开始发动农民内（与）地主斗争，提出抗租抗税吃大户等办法，积极活动之结果，农会遂被军阀解散。宣为反抗计，乃领导农民群众，作进一步之暴动。共党之领导农民暴动，实以宣为嚆矢。在暴动中，农民被捕去二十余人，禁于萧山城内狱中，农会常委李成虎，且在狱中瘦毙。宣虽无法营救，但于李死后，公然为之大开追悼会，且在凤凰山上立一烈士纪念碑。当时军阀势力方张，宣竟视如无物，其胆力过人，有如此者。

其后，宣又在浙办一"责任周刊"，编辑人有刘大白王贯三沈玄庐陈维俭安体诚等，而由宣负责主编。该刊为当时浙省唯一批判政治的刊物，言论甚为大胆，宣在第五期撰"杀宣统"一文，第六期又续撰"再论杀宣统"，使浙督卢永祥大为惊怒，认宣有宣传赤化嫌疑，立将责任周刊查封，严缉著作人宣中华，宣遂逃往上海。又逃赴莫斯科。

民国十二年秋间，宣中华重由莫斯科返国，在共党上海地委担任宣传部长。是年冬，陈独秀派宣与沈玄庐等赴杭，筹备国民党浙江临时省党部。十三年，国民党改组，全国第一次代表大会开会时，宣与沈玄庐胡公冕三人当选为代表，时宣年方二十六岁，在大会代表中年龄最轻，风头亦最健，孙中山先生对之颇多奖勉。回浙后，即任国民党浙江临时省党部常务委员，延用王贯三华林为秘书。十四年十二月，第二次全国代表大会举行时，宣仍为出席大会之浙省代表，其他二代表，则蒋介石与经亨颐也。西山会议后，沈玄庐宣告反共，宣遂将省党部沈系人物尽数排斥，统一浙省党权，直至清党时代。

民国十六年一月，北伐军克复浙江，宣中华被任为浙江省政治分会委员，时该会主席为蔡子民，省代理主席为褚辅成，与宣均颇有情感，故此时实为宣一生之黄金时代。不意为时不过三月，四月十六日，浙江全省清党运动即告实现，宣幸消息灵通，事先已逃出杭州，奈末运临头，无可挽回，终于在上海龙华车站为东路军前敌总指挥部所捕获，由指挥部代理政治部主任潘宜之审问，随即宣告枪决，并斩首破腹示众，死状极惨。

编后语：宣中华（1898—1927），五四时期杭州学生运动的领袖，中国共产党在浙江的早期领导人和全国最早的萧山衙前农民运动的杰出组织者与领导者之一，出席了共产国际召开的远东各国共产党及民族革命团体第一次代表大会，在浙江努力推进国共合作的统一战线工作，负责筹建国民党浙江省党部及各级党部的工作，为临时省党部九个临时委员之一。1925年，宣中华既是国民党临时省党部的执委和常委，又是上海总工会中共党团书记、中共杭州地委党团书记。他旗帜鲜明反对国民党右派，揭露右派破坏革命统一战线的种种阴谋活动。1927年4月14日，宣中华在上海不幸被捕，4月17日壮烈牺牲。

广东省委书记——邓中夏

　　邓中夏，江西德安人①，曾学业于北京大学。当其在北大肄业时，适值五四运动发生，遂成为学生界活动的健将，举凡殴打曹陆章，捣毁当时政府要人住所，以及各种游行示威运动等，莫不有邓之踪迹参加在内，其思想行动之所以如此激烈，盖受其师辈陈独秀李大钊等影响甚深也。此时，邓一方面为新潮派之活动要角，同时亦为研究马克思学说之一员。当民国八年②马克思主义学会成立时，邓即为该会发起人之一，及中

---

① 邓中夏 1894 年 10 月 5 日生于湖南省宜章县太平里乡邓家湾村。
② 1920 年 3 月，在李大钊领导下，邓中夏和高君宇等人发起组织北京大学马克思主义研究会。

国社会主义青年团产生，邓亦为该团第一届委员，并为该团刊物"先驱"编辑员。

共党对工人运动工作。始于民国十年，盖共党鉴于学生之过激情绪与行动，渐趋普遍之低落，不似五四时之兴盛，同时因青年团代表参加莫斯科之"东方被压迫民众大会"之结果，第三国际亦指示中国之共产主义运动，必须注重工人运动，方能发展。时邓中夏张国焘罗章龙等自告奋勇，发起劳动组合书记部之组织，为研究如何进行工人运动之总机关，结果由张国焘罗章龙等负责进行工人子弟学校，以便接近工人，同时由邓中夏何孟雄颜昌颐等各谋得一交通部稽查员之职，以便向北方各大铁路活动。邓等于谋得交通部稽查员职务后，即暗中到处鼓吹劳工神圣阶级斗争等口号。民国十二年之京汉路"二七"大罢工，得力于邓等之宣传者甚多。后罢工失败，邓等之稽查员被交通部发觉为捣乱份子，乃呈北（洋军阀）政府下令通缉，邓亦遂不得不离开北方而逃避至沪。

邓中夏逃沪时，适为共党中央及中央所属各机关迁沪之际，于是邓遂为青年团中央常委，并为"劳工周刊"及"中国青年"之编辑。邓本为共党活动份子为文甚佳，但在写文章时，嗜吸纸烟，常于某晚为"中国青年"写稿，自七时半起至夜一时止，共吸去大仙女牌香烟九包，并且只用过一根火柴，一时共党中人，莫不引为趣谈。

是年，上海大学成立。邓中夏即以青年团中央常委资格为筹备人。该校成立后，邓任总务长。校长名义上虽系于右任氏，而于氏常不到校，故实际上校权大半操纵于邓之手。即教务长名虽系韩觉民，而实际上关于教务方针，亦系邓与恽代英施存统瞿秋白蔡和森诸人商定而施行。

十四年春，共党举行第四次代表大会，邓中夏当选为中央候补委员①，旋即赴广东。省港罢工起，邓为最高指导者，任省港罢工委员会常务委员兼共党党团书记，负罢工委员会之最高实际责任。

十六年国共分裂，上海清党之结果，使共党损失大批精锐干部如陈延年赵士（世）炎汪寿华等，而工作亦陷于停顿状态。八七会议时，决定调邓中夏为江苏省委书记。其时适值陈独秀下台，瞿秋白继陈而任共党中央总书记，所谓盲动主义最鼎盛时代，故邓亦犯有执行盲动主义之嫌。及广州暴动失败，乃调邓为广东省委书记，而以项英任江苏省委书记，但邓在广东，虽能与黄平合作，而为彭湃所反对，致东江特委，与省委分裂为二。

共党第六次代表大会在莫斯科会议之结果，因第三国际鉴于中俄关系恶化，俄人赴华不便，故对中国共党之指导，改变办法，不另派代表驻华，而选资望较深能力较强之党员五人，组织一驻俄国际代表团，传达第三国际命令，若遇重大问题时，则派该代表团中某一代表返华解决之。邓中夏即为该代表团代表之一，与其他四代表瞿秋白黄平张国焘俞飞等，常驻莫斯科。邓于十九年方始返国。

邓中夏回国后②，即被共党中央派赴鄂西，任贺龙军特委书记。迨立三路线被推翻之后，邓因在鄂西所领导之贺龙军行动，有犯立三路线盲动错误之罪名，被共党中央于二十年将其撤职，并受留党察看之处分。此后邓即匿居沪上。郁郁不乐，生活潦倒，幸贺龙与之感情甚佳，不时予以经济帮助，始免自行生产，但已狼狈不堪矣。念一年秋，始由共党中央派充互济会总

---

① 在中共四大上，邓中夏当选为中共中央委员。
② 邓中夏于1930年7月19日从莫斯科回到上海。

书记①，从事下级工作。八月间，因营救爱人被捕，于念二年春枪决②。

编后语：邓中夏（1894—1933），中国共产党早期领导人和中国工人运动的先驱者之一，在中共五大上当选为中央委员，参加了党的八七会议，历任中共广东省委书记、中共中央驻共产国际代表团成员、中华全国总工会驻赤色职工国际代表。1930年7月19日，邓中夏从莫斯科回到上海，以中央代表的身份去湘鄂西苏区，任湘鄂西特委书记和红二军团政委。在此期间，犯有执行"立三路线"的错误。但他严于律己，不推卸责任，勇于承担责任。中共六届四中全会王明上台后，邓中夏受到残酷斗争，无情打击，被撤掉全部职务。1932年秋，中共中央派邓中夏担任中国赤色互济总会主任兼党团书记。1933年5月15日晚在去互济会找援救部部长林素琴商谈工作时，不幸被法租界巡捕逮捕，不久被押往南京宪兵司令部监狱。在狱中，他坚持学习，坚强不屈，1933年9月21日清晨，英勇牺牲于南京雨花台。他是为新中国成立作出突出贡献的100位英雄模范人物之一。

---

① 1932年秋，中共中央派邓中夏担任中国赤色互济总会主任兼党团书记。
② 1933年5月15日晚，邓中夏去找互济会援救部部长林素琴商谈工作，不幸被法租界巡捕逮捕。1933年9月21日清晨，邓中夏被国民党秘密杀害于南京雨花台。

上海总工会委员长——汪寿华

　　汪寿华，其真姓名为何松龄，亦名何君亮，惟人知汪寿华者多，知何松龄何君亮者少，故今仍以汪寿华称之。汪为浙江诸暨人①，幼年丧父，家有老母弟妹各一，其家庭经济状况，为一贫农，但在汪幼年时代，尚差堪自给，且有余资送汪求学。汪毕业于杭州浙江省立师范学校，毕业后，曾有一段时期为绍兴某小学教员，因薪俸太少辞去，此民国八九年间事也。

　　当民国九年之际，共产主义思潮开始流入浙江，其最早之运输人为沈玄庐，盖沈为中国共产党发起人之一，在中国共产党第一次代表大会之前，沈即为"新青年"派思想运动之浙江领袖。当"新青年"刊物流行浙江之初，汪寿华即为该刊读者，渐且为

---

① 汪寿华 1901 年生于浙江诸暨。

该刊推销员，进一步更成为当时新青年派所领导之杭地学生会及其他团体之活动要角，因此由沈之介绍，汪于在校求学时代，即加入社会主义青年团，与张秋人卓兰芳徐梅坤等，同以努力于过激派工作著名。后汪因工作有成绩，社会主义青年团总部即将其调至上海，主持专印青年刊物之国民印刷所。

汪寿华至上海后，因努力工作的结果，极得社会主义青年团同志之推重，故于民国十一年第三国际在莫斯科召开远东被压迫民族大会时，汪亦被中国社会主义青年团推派为上海代表之一（上海代表共五人），前往出席参加①。当时北京方面被推为代表出席者，计有陈独秀张国焘刘仁静王俊（京汉铁路工人）等。大会关于中国革命问题，规定首先应着手发动者，为交通工人矿山及上海等地产业工人，此外关于海参崴之华工运动，亦为中国职工运动中心职务之一。

中国代表团于接受国际命令后，即派汪寿华往海参崴负华工运动之责。盖海参崴为苏联太平洋之海口要道，其地势毗邻日本高丽中国之间，其市民为杂住之各国人，当帝俄时代，托彼处之华工及小商人共有五六万人，因该地为俄国之远东边境政治中心，故当苏联革命未完成之前，俄国共党力量尚未能注意及

---

① 据《远东共产革命党代表大会代表调查表》记录，出席这次会议的代表团成员有：邓培、赵子俊、黄碧魂、王居一、王寒烬、倪忧天、张伯亚（即张秋白）、于树德、欧阳笛渔、王光辉、黄凌霜、高尚德、郝天柱、张国焘、林育南、梁万鹏、宣中华、蒋佛生、王福源、冯菊坡、贺恕、王尽美、许赤光、贺衷寒、刘一华、唐道海、王振翼、马章禄、马念一、邓恩铭、夏揆生、王筱锦、宋伟年、李雯初、夏曦、朱枕薪，共36名，另有1人因先行回国，未登记。可见汪寿华未出席这次会议。另据胡公冕回忆："1922年春，我离开浙江第一师范赴苏联，同行者有汪寿华、梁伯台、华林、谢文锦、傅大庆等十余人，拟进莫斯莫东方大学。"（参见姚金果、苏杭：《张国焘传》，陕西人民出版社2000年版，第72页）可见汪寿华未出席这次会议。

此，迨革命成功后，又因有不断之国内战争，在势仍难兼顾，该
地不仅华工与其他侨工全无组织，即俄国工人本身，亦无何组织
可言，直至一九二一年，国内战争停止，苏联政权已得相当之稳
定，为巩固苏联边防及赤化远东而进行之各国侨民工人运动，始
加紧进行。为工作进行之便利计，需要一能力充足思想进步之华
人主其事，而汪寿华乃中其选。

当汪寿华负责海参崴华工运动之始，即由第三国际东方部派
数俄人会同汪组织一侨民运动委员会，因该委员会之主要工作为
组织华工，故定汪为该会负责人，但直接受东方部指挥，与中共
只发生横的关系。汪担负此工作半年以后，即创立一工人俱乐
部，汪自为书记，加入之工人，不仅有华工，且有俄工及高丽工
人日本工人蒙古工人等，不下四五万人。因组织上有如此其大之
发展，故一年后，中共又派梁伯台等前往参加工作。至一九二四
年，该俱乐部又有各种赤色建设，如东方劳动中学、消费合作社
等，规模均宏大。五卅以后，中共派青年工人男女党员前往劳动
中学受训练者，约五百人以上，因此该工人俱乐部，不仅为该地
工运及工人生活之唯一领导机关，并且亦为制造中国革命机关之
一。同时即在当地，亦有很大势力，汪之地位，因此乃更形重
要，此不能不认为汪艰苦奋斗之结果。汪在海参崴亦确能群众
化，不论何人，试向任何华工或其他任何团体之工人问何君亮
（即汪之真姓名）其人，几乎无人不知，且能道出关于何君亮其
人之模样，及其生活行动之一切。

汪寿华在海参崴前后共达五载，在此期间，一方面努力于
华工运动工作，同时仍于忙碌中，抽暇研究俄语，及关于革命
问题书籍。汪天资聪慧，对于俄语，仅学习一年余，即能会话
及阅读书报，而对革命问题之研究，亦不似一般人之只会空谈
理论，无多裨益于共党工作之实际，乃系专门研究俄国共产党

史的斗争经验与方法，灵活地配合到实际问题上的运用。如有人与之谈马克思列宁主义之类理论问题，汪常无何种意见发表，但如有人与之谈及实际中一些琐碎的困难问题，则汪即有良好之办法与主张。

民国十四年五卅惨案发生后，中国共产党感于工作形势之突飞猛进，工作范围之顿然扩大，而干部人才又告缺乏，大有无从应付之概，故在大调留俄学生回国计划中，对于富有华工运动经验之汪寿华，即有召之回国，专任上海职工运动之意。迨中共函达莫斯科，第三国际即指令汪将海参崴华工工作，交与梁伯台负责，汪即于是年七月返国。抵沪后，即被共党中央任为上海总工会宣传部长；为时不久，又改任该会组织部长。是年冬，上海总工会委员长刘华被孙传芳秘密杀害后，汪即升任该会委员长兼党团书记；至十五年，又兼任共党江浙皖区委职工部书记及中共中央职工部委员。

共党有史以来，任上海总工会委员长最久者，当以汪寿华为最，计自民国十四年至民国十六年，竟连任两年。不特此也，共党上海总工会工作最繁重之时期，亦属汪为委员长时代。在此一时期中，属于该会系统下之共党工作人员，常在百人以上，而于此辈中较负相当责任者，均须经常的甚至每日与汪接头谈问题，而汪即须一一与之解决。在此种场合下，因汪对各种问题都能具有办法，故极得此辈工作人员之钦佩，因有人为汪起一外号曰"大帅"，其意盖认为汪确有如领军般能领导上海职工运动的大帅之材，此后大帅二字，即成为上海总工会人员口中称汪之代名词。

民国十六年北伐军抵沪时，上海工人在汪寿华领导下，曾接连发动两次轰轰烈烈的大罢工，一时汪寿华之名，喧腾人口。四月十二日，国民党清党事起，汪即指挥工人纠察队，起而反抗，不幸被捕枪决①，汪为共党工人运动中之健将，其在共党工运中之地位，仅次于苏兆征向忠发李立三，而于实际行动上，有许多地方，独具风格，为李立三辈所不及，在上海工人运动中之地位，尤为重要，故汪之死，实为共党一巨大损失也。

编后语：汪寿华（1901—1927），中国共产党早期党员，著名英烈。1921年赴苏联莫斯科中山大学学习，后派往西伯利亚组织华工团体，任赤塔远东工会中国工人部主任和海参崴职工苏维埃委员。1925年回国，积极投身并参与领导五卅运动，任中共江浙区委常委，代理上海总工会委员长。1927年3月参与领导上海工人第三次武装起义。起义胜利后被选为上海特别市临时政府委员和上海总工会委员长。在蒋介石发动四·一二反革命政变期间英勇牺牲。

① 1927年4月15日，汪寿华被国民党杀害于上海。

湖南三杰之一——夏曦

　　夏曦，字蔓伯，湖南益阳人①，民国九年，肄业于湖南省立第一师范学校，与毛泽东为同学。时赵恒惕方推翻北洋军阀张敬尧，继张而为湖南省长，统治湖南。湖南省立第一师范校长，即后故宫舞弊案中之主角易培基氏，因得谭延闿之提携，而任此职。易颇善拉拢学生，且赞扬新文化运动，故于就任校长职务后，即以提倡学生自治及研究学术之名，对于学校管理，纯取放任主义，因此该校学生成立研究学术之小团体者，宛似雨后春笋，而其中最惹人注目者，即为研究马克思主义之崇新学社。夏曦即系该社之主角，同时亦即该校学生运动之主要人物，且与湖南共党首领郭亮（死于民国

---

① 1901 年 8 月 17 日，夏曦生于湖南益阳县桃江镇（新中国成立后划属桃江县）。

十六年两湖清党之役），同为易培基之高足弟子。适其时李立三李维汉等一般共党正由法返国，除李立三在安源矿工中主持工人运动外，李维汉即在长沙工作，而夏曦亦遂于此时，与郭亮等一同正式加入共党①，成为共党"湖南三杰"之一。(湖南三杰为毛泽东郭亮夏曦。)

夏曦既加入共党，遂弃其纯粹研究马克思主义之生活，而开始其实际工作。民国十一年，毕业于湖南省立第一师范后，适李维汉正任共党湖南地方区书记，遂命夏主持湖南学生运动。湖南学生运动之最有名者，为"六一"惨案（日本伏见炮舰在长沙开炮击毙市民二人）所引起之抗日运动，以及第一师范学生拥护易培基运动，与长郡中学生之反对校长彭国钧风潮为最大，甚至包围教育厅，举行全省学生总罢课。此数次风潮之幕后主持者，即为夏曦。此时共党在湖南势力尚极薄弱，除安源矿工中因李立三努力之结果，收得相当成绩外，湖南学生运动即为共党之中心工作，因此夏曦遂成为湖南共党中独一无二之红人，而荣任共党湖南地方区常委。加以国民党自于民国十四年在长沙秘密成立湖南省党部后，所有党员，又大都系学生中的共党党员，夏乃奉共党指派，为省党部负责人之一。

民国十五年秋，北伐军进抵湖南，国民党在湖南之活动，遂由秘密而公开。时夏曦为国民党湖南省党部常务委员兼共党湖南地方区常委，每日参加会议，接见代表，迎接要人，甚为忙碌，而风头之健，亦一时无两，此实为夏一生中之黄金时代。不意晴天霹雳，十六年五月廿一日长沙马日事变发生，许克祥部反共，大举搜捕共党，夏遂不得不与李维汉等避往长沙南乡，主持农民

---

① 据《周恩来选集》上卷注释第 129 条认定，郭亮于 1921 年入党。

总暴动，向长沙进攻，一面期待武汉政府之援助。不意此时武汉政府亦正在风雨飘摇之中，国共分裂，殆已成为无可挽回之事实，八七会议以后，共党由机会主义走上盲动主义路线，在瞿秋白直接指导之下，发动两湖秋收暴动，暴动结果，完全失败，毛泽东率领农民军窜往江西，建立工农红军第一师，成为以后红军之基础，郭亮被捕枪决，夏曦则化装逃往上海①。

夏曦抵沪之时，共党中央亦已由武汉迁往上海，瞿秋白因夏主持两湖秋收暴动失败，甚为不满，共党中央交通处，对夏遂亦不予招待，致夏不得不在嘉禾老鼎升吉升江苏等小旅馆中轮流住宿，度其飘泊生活。幸为时不久，随贺叶军南征在潮汕失败之李立三，由港抵沪，立刻在党中掌握大权，（时共党中央总书记已由向忠发继瞿秋白，李立三抵沪后，即任中央政治局常委，及中央宣传部长，实际权力，在向忠发之上）夏因与李有同乡关系，遂被派为浙江省委书记，并以五卅时代之学联会秘书梅电龙（龚彬），为浙江省委宣传部长。

时浙江搜捕共党甚力，十二月十七日，浙江省委辟室于杭州西湖饭店三百零七号房间，召开一重要会议，夏曦亦出席参加，且为该会议之主席。但会议未终，夏忽腹痛不能支，乃中途退席，返寓休养。为时未几，公安局之特务队，即得报，来西湖饭店掩捕，列席七人，无一能脱，独夏以事先退席，得免于难，亦云幸矣。

夏曦经此一番虚惊，知杭州为浙江省会重地，不可久留，乃向共党中央要求，将浙江省委迁往宁波，因宁波为一商业口岸，

---

① 1927 年 8 月 1 日，根据中共中央决定，在由周恩来、李立三、恽代英、彭湃组成的南昌起义前敌委员会的领导下，举行了南昌起义。夏曦参与了南昌起义。当天，国民党中央委员发表《中央委员宣言》，署名者有宋庆龄、邓演达、彭泽民、林祖涵、吴玉章、毛泽东、恽代英、夏曦、邓颖超等 22 人。

而非政治重地，军警注意力较弱也。此项要求，得中央许可，遂得实现。时共党正在盲动主义的立三路线之下，企图发动全国总暴动，夏亦拟就一暴动计划大纲，将浙江各县划分若干时期，分别暴动。计第一时期暴动者，为杭州，金华，兰溪，衢州，第二时期暴动者，为宁波，湖州，嘉兴，海宁，长兴，江山，诸暨等。实则此项计划，十分空洞，当时各县共党势力，尚未至成熟程度，故暴动结果，不仅未获成功，且将杭州，金华，衢州，兰溪各县，原有组织破坏无遗。共党中央亦以其在浙数月，毫无成绩，故将其撤职，另派龙大道继任浙江省委书记，并将浙江省委，仍自宁波迁回杭州。

夏曦被撤职回沪后，不久，即被派往莫斯科，入东方大学肆业，为第三国际东方代表米夫之得意门生，与陈绍禹（王明）等交情甚密，著名之二十八个布尔塞维克，夏即为其中一份子。民国十九年，第三国际为制止立三路线之错误行动，命米夫为国际代表，率领二十八个布尔塞维克全体回国，夏亦在内。迨立三路线被推翻，陈绍禹起而执权以后，夏即被任为江苏省委宣传部长。念一年，被共党中央派往鄂西苏区中工作，任鄂西苏区共党中央政治分局书记，即贺龙所率红军第二军团中也。是年，洪湖为国军所攻破，夏曦乃随贺龙军辗转游击。当红军第二军团出没于湘鄂川边一带时，夏曦之名，常与贺龙并见于报章，嗣忽寂寂无闻。现红军已改编为第八路军，而报上所发表之将领题名录中，亦无夏曦名字，不知其是否尚在贺龙军中，抑已遭不幸也①。

---

① 1935 年 11 月 19 日，红二、六军团奉命从湘鄂川黔边开始长征。1936 年 2 月 28 日，夏曦在贵州毕节七星关渡河时溺水牺牲。

编后语：夏曦（1901—1936），中国共产党早期党员，革命英烈。1920年加入中国社会主义青年团，1921年10月转入中国共产党，历任中国社会主义青年团第二届、第三届中央执行委员、共青团湖南区执委会书记。在1926年1月召开的国民党第二次全国代表大会上当选为中央执委会候补委员。1927年5月出席中共第五次全国代表大会，当选为中央委员会委员。参加了南昌起义，1927年11月至1928年5月任中共浙江省委书记，出席了在莫斯科召开的中共"六大"，会后留莫斯科入中山大学学习。1930年回国，任中共江苏省委宣传部长。在1931年1月召开的党的六届四中全会上，被补选为中共中央委员，随即派往湘鄂西苏区，任中共湘鄂西中央分局书记、湘鄂西省革命军事委员会主席、红六军团政治部主任、湘鄂川黔省委员会委员、军分会委员和革命委员会副主席。在湘鄂西苏区工作期间，执行王明"左"倾冒险主义错误，大搞"肃反"，错杀了一大批苏区党和红军的重要领导人，犯有严重的错误。但他毕竟为革命而牺牲，其奋斗精神亦不朽矣。

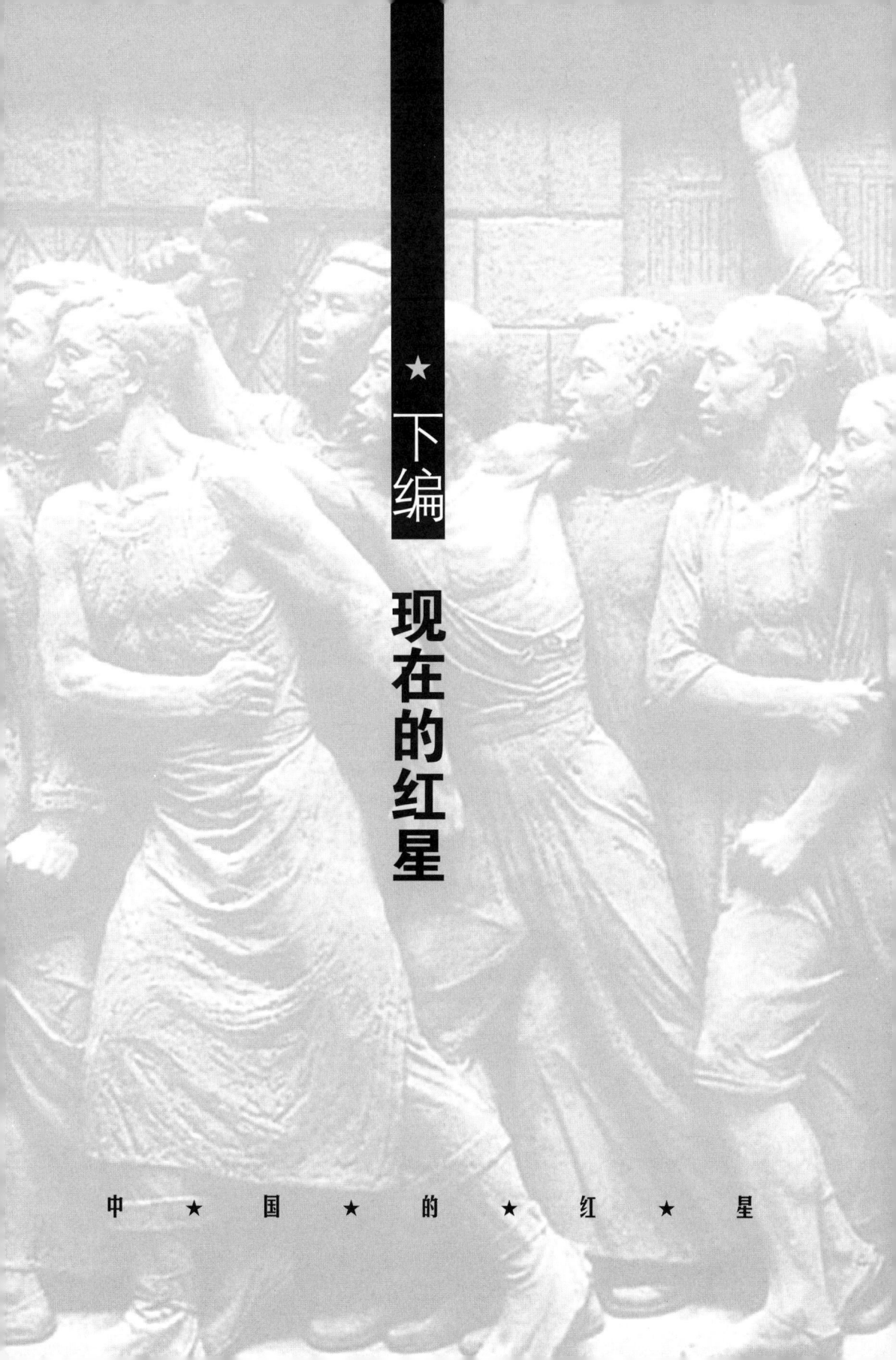

现在的红星

中 ★ 国 ★ 的 ★ 红 ★ 星

红军统帅——朱德

朱德①，字玉阶，又字云卿②，四川人，容貌颇似鲁迅，身材颀长，但并不胖，一典型的将军风度也。

民国元年③，朱德在云南省城为警察厅长，与朱培德金汉鼎等同事，金尚为其部下。蔡松坡云南起义时，袁世凯曾派人赍钜

---

① 朱德1886年12月1日生于四川仪陇县马鞍场琳琅山下李家湾的一个佃农家庭。

② 朱德字玉阶，原名朱代珍，后改名朱建德，又字云卿无依据。见《中共党史人物传精选本》第1卷，人民日报出版社、中央文献出版社2001年版，第388页。

③ 时间有误。1915年12月12日，袁世凯宣布恢复帝制。蔡锷由北京回到云南。12月25日，云南首先举行反袁武装起义，组织护国军，反对帝制。蔡锷写信给朱德，要他在蒙自发动讨袁起义。朱德接信后，即在团内驱逐帝制派军官，集合所部，宣誓效忠共和。

金向朱行贿，嗾朱向蔡松坡倒戈，且担保事成之后，更将晋其爵位。时松坡手下仅有三旅，除朱一旅外，尚有一旅，朱亦可以操纵，故朱如一倒戈，松坡之覆败，可计日而待。但朱严词拒绝，视袁世凯使者所辇之五十万钜金如无物，其轻财重义，有如此者。而因朱之拒绝，反袁运动，得以告成，即谓朱为再造共和之元勋，亦非过甚其词也。

其后，朱为深造计，复赴德国求学，入佛劳克特某大学①肄业，军事学识，颇多成就，政治学识，亦在水平线上，且喜爱文学，善英德法日各国文字与语言，实为一颇有才具之人物。若仅目朱为纠纠桓桓之一介武夫，则诚浅乎其视此红军领袖矣。

但朱德之官运殊为迍邅，在武汉政府时代，不少人风云际会，一跃而成为时势英雄，独朱尚为一无足轻重之人物，最初被任为二十军（川将杨森）之党代表，但未能到差，后又任南昌公安局长，此乃由于当时江西省政府主席朱培德之推毂，因朱培德与之为昔日云南老同事故也。但朱德此时，显然颇为失意，以其才略及抱负而论，仅为一公安局长，实大才小用，难免有凤雏屈为百里之感。况昔日之同事朱培德，今已贵为一省主席，相形之下，当然更觉郁郁不乐。五月间，调任第九军副军长，亦因第九军为朱培德之部队。此项工作，对于朱德尚属适宜。惟第九军军长为金汉鼎，系其旧部，昔日之上司，变成下属，昔日之下属，现在反成上司，未免颠倒太甚。

武汉反共态度明显后，朱德即在南昌参加八一暴动，任革命委员会委员，参谋团参谋，第九军军长。当时之第九军，根本不能算是一军，共计只有两连人，但朱作战极勇敢，第九军人虽少

---

① 1924年3月，朱德在德国哥廷根格奥尔格—奥古斯特大学社会学及哲学专业注册入学。参见《中共党史人物传》（精选本）第1卷，第396页。

而声誉极佳。贺叶南征军在丰润失利时，朱正与周士第之二十五师留守于三河坝，其后留守部队，亦被粤桂军所败，朱即率领约有一团之众的残兵，由东江转战到北江。时范石生驻在韶关，朱与范石生同为滇军老将领，故范石生即收编朱之残部，改编为教导团，仍委朱德为团长，驻在坪石。但朱德为何等宏才伟略之人物，区区一团长，岂能羁縻得住，故于是年十二月，正常广州暴动发生之际，亦在坪石发动兵变，不仅自己所辖一团人，完全变成红军，且拖了另一团人同跑，更缴下地方上许多枪支，势力渐形雄厚。

朱德发动坪石兵变以后，即率领所部，开赴湖南。坪石原邻近湘南边境，朱德即在湘南汝城桂东一带，辗转游击。当时湖南当局，尚以朱部为癣疥之疾，不甚注意，于是朱德部下，乃愈聚愈众。其后复由湖南游击至赣西，乃与毛泽东之部队会合于井岗山。军队合并以后；编为红军第四军，即以朱德任军长。

朱德自与毛泽东在井岗山会合后，除曾一度因被国军包围，与毛泽东下山，在湘东南平江浏阳宝庆等处游击外，均一直留在江西中央苏区内，指挥红军与国军作战，任红军总司令兼红军第一军团总指挥，及中华苏维埃共和国革命军事委员会主席。

民国念三年十月，红军开始长征，在朱德指挥之下，从江西转战到陕北，征程在二万五千里以上。在此时期，朱德始终在红军中居主脑地位。

"半生军阀，半生红军。"此为朱德所自道。惟自红军改编为第八路军，在朱德领导之下，参加西战场作战以来，捷报频传，其神出鬼没之游击战，使日军陷于极端困难之地位。据今年一月十四日英文大美晚报消息，朱德已代阎锡山而任西北战区作战司令长官，则今后之朱德，恐尚须加一"民族英雄"之头衔也。

编后语：朱德（1886—1976），伟大的马克思主义者，伟大的无产阶级革命家、政治家、军事家，中国人民解放军的主要缔造者之一，中华人民共和国的开国元勋，是党的第一代中央领导集体的重要成员。在中国革命武装夺取政权的新民主主义革命时期，历任中国工农红军总司令、国民革命军第八路军总指挥、第十八集团军总司令、中国人民解放军总司令，身经百战，是擘画战争、驾驭战争的伟大能手，表现出超人的革命胆略和杰出的军事指挥才能，不愧为"民族英雄"。1930年在中共六届三中全会上当选为中央候补委员，从1934年中共六届五中全会起，当选为历届中央委员、政治局委员。1945年在党的七届一中全会上当选中共中央书记处书记。1956年在中共八大上当选为中央政治局常委、中共中央副主席。他德高望重，深受全党、全军和全国人民的爱戴，其丰富的治军经验和军事著作，是毛泽东思想的重要组成部分。他的伟大人格和革命风范堪称楷模。毛泽东曾高度赞誉他："度量大如海，意志坚如钢。"

副总指挥——彭德怀

　　彭德怀，湖南人①，身材魁梧，声若洪钟，其状望之宛若一农民。关于其前期身世，知之者甚少，大约当系行伍出身，惟其发迹较迟，则无可疑。当武汉政府时代，贺龙已任二十军军长，彭尚为一营长，隶于第三十五军，军长为何健。何健任安徽省政府主席时（西征之役以前），彭随何驻扎皖境，直至退回湖南时止，方升任团长，改隶第八军刘铏部下。当时黄公略亦为第八军独立营营长，民国十六年，彭往南昌正式加入共产党②，即系黄公略所介绍，故彭黄二人，感情甚笃。

　　十七年，彭德怀驻防平江，黄公略拨归彭指挥，驻扎于平江

---

① 彭德怀 1898 年 10 月 24 日生于湖南省湘潭县石潭乡乌石寨村。

② 1928 年 1 月，经段德昌介绍，彭德怀被接收为中共正式党员。

县属长寿街，当时中央对全国军队有编遣消息，彭黄恐被遣散，遂于十七年八月，在平江发动兵变，转战至袁州，经张辉瓒部追击，乃复由袁州安福至井岗山，与朱德毛泽东会合①，所部改编为红军第五军，彭德怀任军长，黄公略任副军长②。

十八年一月，国军第三第八第九三军合围井岗山，当时山中粮食接济困难，遂计划突围而出，但因伤病过多，恐行动受牵掣，乃由彭德怀与黄公略守山，朱德毛泽东则率红军第四军经遂川上犹转战入赣南。彭黄留山部队，因兵力单薄，粮食不继，卒于十八年四月为国军击破，井岗山一度失陷，彭德怀只身逃出，几被国军所获，所部红军第五军，因事出仓猝，损失甚大，一部由李灿率领出湘东，一部由贺国忠率领出赣南。彭德怀只身逃难十余日，始到贺国忠部。黄公略在山中潜伏月余，方乘机逸出，与李灿会合。李灿之一纵队，抵平江浏阳交界之黄金洞后，收编当地红军游击队，共约五六百人，枪三百余支，转战至鄂东之阳新大冶，适当地驻军独立第五旅唐云山部第二团兵变，投入李部，李即扩编成为红军第八军，任第八军军长，彭德怀自率贺国忠之一纵队攻下安福，获枪三百余，贺国忠即于是役毙命。后彭闻李灿消息，乃率部由鄂南北上，于十九年三月底，在修水铜鼓一带，与李部会合，成立第三军团，自任总指挥，改贺国忠之一

---

① 毛泽东、朱德派何长工、毕占云接应红五军上井冈山，1928 年 12 月 11 日，毛泽东、朱德与彭德怀会师于宁冈新城。

② 1928 年 7 月 22 日，彭德怀以闹饷为手段发动士兵起义，在平江县东门外天岳书院举行起义誓师大会。下午 1 时，起义部队进入平江县城，仅一个多小时，便解除了军、警、民团等 2000 余人的反动武装，占领了县城。起义胜利后宣布成立工农红军第五军和平江县苏维埃政府，推选彭德怀为红五军军长，滕代远为党代表。

纵队为第五军，委邓萍为军长，于是彭辖五八两军①，声势与朱德毛泽东不相上下。

彭德怀势力发展之后，即以湘鄂赣边为根据地，与当地防军，时常接触。当时蒋委员长部下中央军，正在北方与冯阎军大战，湖南防军薄弱，屡次为彭所败，彭遂将败军收编为湘北独立师，以孔荷宠任师长。十九年七月，何键部危师为彭所败，彭遂乘势进攻长沙，何键猝不及防，被迫退出，长沙遂被彭攻陷，从此以后，彭之名声，乃渐为世人所知。

民国念三年夏，国军五次围剿江西中央苏区，彭德怀率部在广昌驿前等处抗战甚烈，后被迫放弃江西，从事长征，一路颇著战绩。念六年八月，被任为第八路军副总指挥，在西战场上，对于战略与战术，多所擘画，奏功甚伟。最近且有被任为军事委员会委员之讯。

编后语： 彭德怀（1898—1974），中国无产阶级革命家、军事家、政治家。中国人民解放军创建人和领导人之一，中华人民共和国元帅。抗日战争爆发后，任中共中央军委委员、八路军副总指挥，与朱德指挥八路军开赴华北前线对日作战，开辟了华北抗日根据地。1940年，在华北发动百团大战，沉重地打击了

---

① 1930年6月，根据中共中央和中央军委的指示，红五军第一、二、三、四纵队合编为新的红五军，第五纵队扩编为红八军，五、八两军共1.7万余人组成中国工农红军第三军团，彭德怀任总指挥，滕代远任政治委员，袁国平任政治部主任，邓萍任参谋长。五军军部由军团总部兼任。红八军军长李灿，党代表何长工。

日伪军。1942年8月代理中共中央北方局书记。1945年在中共七大当选为中央委员、中央政治局委员，并被任命为中央军委副主席兼总参谋长。他以大无畏的英雄气概，灵活机动的战略战术，协助毛泽东、朱德指挥对日军的大反攻。解放战争时期，彭德怀任西北野战军司令员兼政治委员、中国人民解放军副总司令，解放了大西北，功绩卓著。1950年10月出任中国人民志愿军司令员兼政治委员，指挥装备劣势的中国人民志愿军，和朝鲜人民军一起，打败了装备精良的所谓联合国军，为中国赢得了尊严，威震世界。1952年4月回国，主持中共中央军委工作。从1954年9月起任国务院副总理兼国防部长。1956年在中共八大上继续当选中央委员、中央政治局委员。他是被毛泽东赞誉的"横刀立马"大将军，一生艰苦奋斗，光明磊落，刚正不阿。晚年因反对"左"倾错误而遭到迫害，1974年11月29日含冤逝世。1978年12月，中共十一届三中全会为他平反昭雪，恢复名誉。

中国列宁——毛泽东

　　毛泽东，字润之，湖南湘潭人[①]。其父初为一贫农，后因居奇聚积，逐渐升至富农地位。毛幼时即富有反抗性，当其在私塾中读书时，因受教师责打，愤而出走，三日后，始为家中人寻获。十三岁时，又与其父冲突，欲离家出走，为家人阻止，自后其父即不复敢再加责打，此为其反抗之第一次胜利。

　　毛自幼禀（禀）赋即甚聪明，爱读旧小说，后因读"盛世危言"，而引起其继续求学之欲望，乃赴长沙，入某中学读书。不久，武昌起义，清室鼎革，当时各地，均有学生军组织，毛亦一

---

① 1893 年 12 月 26 日，毛泽东生于湖南省湘潭县韶山冲一个农民家庭。

147

度参加在内。光复后，决定继续求学，惟因学校甚多，均在报上
大登广告，而毛对于未来事业，又未立定志向，颇有无所适从之
苦。曾于警官及制皂两种学校先后报名，又曾读过法科与商科，
最后乃入省立第一中学读书，复因该校课程太少，而规则繁多，
转入省立师范学校①，至是方安心求学，计自民国元年入师范学
校，直至民国七年，方始毕业。

时新文化运动逐渐推行于全国各地，各种新的进步集团亦纷
纷在以战斗为职志的青年手中组织成立，毛泽东亦与友人数人，
在长沙组织新民学会②，会员约七八十人，后多半死于民十六清
党之役。毛此时除受"新青年"影响，爱读各种新的杂志外，复
养成一种读报习惯。其读报方法，亦与他人不同，他人读报，仅
注意其专电要闻，毛则对于报上广告，亦博览无遗，且对于各种
地方报，亦无不广为搜求订阅。因所阅报纸繁多之故，日不暇
给，故不论行止坐卧，吃饭如厕，皆手不离报纸。据其自云，各
种学问，皆从读报得来，此言当属可信，盖报纸为现实之忠实反
映，而各种学问，类多不能离开现实也。

民国七年，毛泽东既毕业于长沙省立师范学校，适其母于此

① 1912年春，毛泽东以第一名的成绩考入湖南全省高等中学校（后改名为湖
南省立第一中学）。1913年春，毛泽东以优异的成绩考入湖南省立第四师范
学校，翌年春天，第四师范并入湖南省立第一师范学校，被编入该校预科
第三班，秋天编入本科第八班。
② 1918年4月14日，毛泽东与蔡和森等发起组织新民学会。该学会的宗旨
是"革新学术，砥砺品行，改良人心风俗"。会议推举萧子升为总干事，毛
泽东、陈书农为干事。新民学会成立时会员仅10余人，1920年底发展到
50余人。是年，学会宗旨改为"改造中国与世界"，会务由毛泽东主持。

时去世，毛与其父感情本甚淡薄，故决定不回家。① 是年夏，随湖南留法勤工俭读生赴北平，由过去省立师范学校教师杨昌济之介绍，入北京大学图书馆为助理员，月薪八元。时北大图书馆长，即大名鼎鼎创办中国共产党之李大钊也。

毛泽东在北平仅半年余，民国八年初，即往上海，因经济关系，旅途中曾遭遇种种困难，甚至鞋子亦为偷儿窃去。幸得湖南友人资助，始得平安抵达上海，复借帮助留法学生款项之助，得以回抵湖南。当时正属五四以后②，新文化空气甚为浓厚，毛回抵湖南后，即在政治上作更直接之活动，一方面整顿新民学会，并帮助成立专门研究新文化与政治趋向之文化书社③，一方面复编辑湖南著名学生报纸"湘江评论"公开反对湖南都督张敬尧，张为报复起见，亦禁止"湘江评论"出版④。是年，毛复赴上海，与陈独秀晤面，决议组织湖南建设协会⑤，其后即回乡着手组织，并在某学校任教员。

民国九年冬⑥，毛泽东第一次从事工人运动，在马克思主义

① 此处有误。1918 年毛泽东母亲患病，住在湘乡唐家坨毛泽东舅父家中。毛泽东赴京前曾去探望母亲，还请人开了药方寄给舅父。毛泽东母亲于 1919 年 10 月去世。

② 毛泽东回湖南是 1919 年 4 月。

③ 为了宣传新文化和传播马克思主义，1920 年 8 月，毛泽东在长沙创办了文化书社，该书社的担保人是陈独秀、李大钊、胡适和恽代英。

④ 《湘江评论》是五四运动中成立的湖南省学生联合会的机关报，1919 年 7 月 14 日在长沙出版，毛泽东任主编，共出版 5 期，另有"临时增刊"第一号。8 月中旬第 5 期刚出版，即被军阀张敬尧查封。

⑤ 1920 年冬，毛泽东与中共上海早期党组织的陈独秀、李达建立了密切的联系，大约于 11 月创建了长沙中共早期组织，与此同时，毛泽东开始在湖南组建社会主义青年团。1921 年 1 月 13 日，长沙社会主义青年团成立，毛泽东任书记。

⑥ 此处有误，应为 1921 年即民国十年。

理论及苏联革命史的影响下，为之领导。当时毛已读过许多关
于苏联的书籍，同时并建立对于马克思主义之坚固信仰①。是年，
复第二次赴北平，与杨开慧结婚②，杨即为毛母校教师杨昌济之
女，后在湖南为何键所捕杀。

　　中国共产党在上海开第一次成立大会时，毛泽东亦由湖南前
往，出席参加。会议闭幕后，即奉命回湖南，组织中国共产党湖
南省支部③，至民国十一年五月，湖南支部已在矿工，铁路工人，
公务人员，印刷工人及造币工人中，组织成二十个以上的工会，
毛任支部书记④。是年冬，湖南省长赵恒惕下令处决两个工人，
结果引起猛烈的劳工运动，多数大矿山与全部学生都组织起来，
在学生与工人战线上，发生多次斗争。毛被派往上海，帮助组织
反赵运动。当时共党正在上海召开第二次代表大会，毛因遗忘开

---

① 毛泽东在与斯诺的谈话中说："1920 年冬天，我第一次在政治上把工人组织
　　起来了，在这项工作中我开始受到了马克思主义理论和俄国革命历史的影响
　　的指引。我第二次到北京期间，读了许多关于俄国情况的书。我热心地搜寻
　　那时候能找到的为数不多的用中文写的共产主义书籍。有三本书特别深刻地
　　铭刻在我的心中，建立起我对马克思主义的信仰。我一旦接受了马克思主义
　　是对历史的正确解释以后，我对马克思主义的信仰就没有动摇过。这三本书
　　是：《共产党宣言》，陈望道译，这是用中文出版的第一本马克思主义的书；
　　《阶级争斗》，考茨基著；《社会主义史》，柯卡普著。到了 1920 年夏天，在理
　　论上，而且在某种程度的行动上，我已成为一个马克思主义者了，而且从此
　　我也认为自己是一个马克思主义者了。同年，我和杨开慧结了婚。"（见《西
　　行漫记》，生活·读书·新知三联书店 1979 年版，第 131 页）
② 此处有误，1920 年冬，毛泽东与杨开慧在湖南长沙结婚。
③ 1921 年 8 月，中国共产党在上海成立中国劳动组合书记部，毛泽东任中国
　　劳动组合书记部湖南分部主任。
④ 1922 年下半年，在毛泽东和中共湘区执行委员会的发动下，先后爆发了粤
　　汉铁路、安源路矿、水口山铅锌矿工人的大罢工，还曾发动长沙泥木、缝
　　纫、理发、笔业、铅印、人力车等行业的工人进行罢工斗争。11 月，湖南
　　省成立了统一的工人组织——全省工团联合会，毛泽东任总干事。

会地点，致未能参加，不久，仍回湖南，竭力推动工会工作。

民国十二年冬，共党在广州召开第三次代表大会，通过有名的历史决议案①，参加国民党，与国民党合作，组织联合战线，以反对北方军阀。会议闭幕后，毛泽东即往上海，在共党中央委员会中工作。十三年春，复往广州，代表湖南国民党，参加国民党第一次全国代表大会，当选为国民党第一届中央候补执行委员。当时孙中山先生曾留毛在广州工作，毛未允，在广州逗留十余日，即赴上海，在环龙路四十四号国民党中委上海执行部组织部任秘书。是年冬，因与执行部负责人叶楚伧何世桢孙铁人辈意见发生冲突，工作困难，遂以脑病为名，返湖南原籍休养。

十四年五卅运动起后，全国骚然，毛泽东既为共党要角，自亦不甘寂寞，而广州方面，国民政府成立不久，继以廖仲恺被刺，需材孔（甚）急，于是毛泽东乃奉共党中央之命，派赴广州工作，于十一月底抵广州②，住中山医院③。不久，共党即决定派其在国民党中央党部工作，当时中央党部组织部长为谭平山，宣传部长为汪精卫，工人部长为胡汉民（实际由秘书共党冯菊坡负责），农民部长为林祖涵，青年部长为甘乃光，以上各部，除宣传部外，其余均在共党手中，故共党颇欲将中央宣传部收归掌握。适汪精卫因任国民政府主席总党代表等，职务

---

① 中共三大通过了《关于国民运动及国民党问题的决议案》，决定了共产党员以个人名义加入国民党，但仍旧保存并努力扩大共产党的组织，从而确立了与孙中山领导的国民党建立革命统一战线的策略方针。会上，毛泽东当选中共中央执行委员，并在三届一次执委会上推选毛泽东为中央局五个成员之一，任中央局秘书，协助陈独秀处理中央日常工作。

② 应为 1925 年 9 月。

③ 应为东山医院。

繁多，不克兼顾中央宣传部事，乃由谭平山向汪推荐，由毛代理中央宣传部长①。

毛泽东在未就代理中央宣传部长职务以前，中央宣传部内状况，颇为恶劣，部长汪精卫，因公务繁忙，很少到部，部中一应事务，均交由汪氏内弟宣传部秘书陈春圃办理，部中虽有职员五六人，但均精神散漫，以致宣传部工作毫无表现，不仅未曾出版任何书籍刊物，且并传单亦未发过一张，以致宣传部在中央党部，几完全成为一种点缀品。毛泽东既代理宣传部长，到部视事后，颇思整顿部务，无奈宣传部人数虽少，但均为广东人，团结力颇强，对毛均抱不理睬态度，毛因环境困难，遂亦毫无建树可言。

十五年一月一日，国民党第二次全国代表大会在广州中央党部开会，结果，毛泽东仍旧当选为中央候补执委，中央宣传部长依旧由汪精卫担任，而依旧由毛代理。毛至此乃决心整顿部务，首将原有职员加以淘汰，好在陈春圃已自动辞职，赴莫斯科中山大学求学，其余如吴求哲陈曙风等，亦相继去职，中宣部完全由毛主持，于是乃聘请文学家沈雁冰为秘书，新文化运动健将萧楚女、上海学生会主席顾谷宜、女共党葛季鹰等分任干事，一时人才济济，有人才内阁之称。毛更以中央宣传部不可无定期刊物，乃决定办一政治周报②，由毛自任主任，并委张秋人为编辑。

毛泽东在代理中央宣传部长时代，同时兼有中央农民运动讲

---

① 1925年10月初，毛泽东任国民党中央宣传部代理部长。
② 1925年12月5日，毛泽东主办的《政治周报》在广州出版，这是国民党宣传部主办的一个刊物。

习所所长之职①，更为共产党中央农民运动委员会委员。毛本系一热心农民运动之人，故虽代理中央宣传部长之职，其兴趣亦常在此而不在彼。至五月间，国民党在蒋介石先生领导下，开二中全会，通过整理党务案，规定共党份子不得兼任中央各部部长，于是毛乃辞代理宣传部长之职，回上海，在共党农民部工作。不久，又被派往湖南，为农民运动视察员。是年秋，在国共合作之下，开始了历史的北伐。

十六年春，农民运动在湖北，江西，福建，尤其是湖南，有惊人之发展，形成一庞大之军事力量。但斯时共党在陈独秀机会主义政策之下，对之态度甚为冷淡，陈独秀且将毛泽东调开湖南，令其至武汉，任中央农民运动讲习所长②。四月间，南京上海广州相继发生清党反共运动，五月廿一日，长沙亦发生马日事变，许克祥部军队暴动，有数十农民与工人被杀，此后不久，国共即正式分裂，许多共产党领袖均奉命离开本国，往苏联，或往上海及其他安全地带去，毛初被派往四川，嗣因其要求，陈独秀遂派其往湖南，任共党湖南省委书记。但十天后，陈又将毛召回，责其不应组织反对当时统治湖南的当局运动。此时共党内部甚为紊乱，党内人物，几无人不反对陈独秀之领导，及其机会主义路线。八月一日，贺龙叶挺军队与朱德合作，发动南昌暴动，组成了后来变成红军的第一个部队。一星期后，共党中央

---

① 1926 年 5 月 15 日，毛泽东受国民党农民运动委员会的聘请，担任第六届农民运动讲习所所长。

② 1927 年 1 月 4 日至 2 月 5 日，毛泽东到湖南湘潭、湘乡、衡山、醴陵、长沙五县实地考察农民运动，3 月发表《湖南农民运动考察报告》，驳斥了党内外非难农民运动的种种谬论，总结了湖南农民运动的丰富经验，论述了农民问题在中国民主革命中的重要地位和无产阶级领导农民运动的极端重要性，提出了解决农民问题的理论和政策。4 月 4 日，武昌中央农民运动讲习所创办，举行开学典礼，毛泽东任所长。

召开八七会议，毛亦参加在内①。会议结果，罢免陈独秀之中央总书记职务，而由瞿秋白继任，毛被派往湖南，组织两湖秋收暴动。当时毛计划实现五点：（一）共产党省党部完全与国民党脱离。（二）组织农工革命军。（三）没收大中小地主财产。（四）脱离国民党，在湖南建立共产党政权。（五）组织苏维埃。至九月间，仗湖南农民协会之助，组成一普遍的暴动，并成立农工军第一队，此早期的革命军队，名为"第一农工军第一师"②，队伍之主要来源有三：农民本身，汉阳矿工，与国民党叛变军队。毛因组织军队之故，仆仆往返于汉阳矿工及农民赤卫队之间，甚为忙碌。其间曾一度被捕，幸得脱险，安返赤卫队。此后毛即任前敌委员会主席，率领这一支农工军，开始游击战争③，由湘中到湘东，由湘东到赣西，适张发奎之警备团于此时被解散，团长卢德铭率领被解散的一团在江西转战，与毛之农工军相遇，会合一起，后卢战死，毛遂兼领其众，又收编二十六师七十七团一部分变兵，声势逐渐可观。最后乃在赣西南井岗山上建立根据地。井岗山上原有二土匪首领，王佐，袁文才，亦加入农工军，力量乃增加至三团左右。及十七年五月，朱德部队来井岗山会合，始正式成立红军④。

---

① 毛泽东在八七会议上作了重要发言，他指出："须知政权是由枪杆子中取得的。"

② 秋收起义的各路队伍合编为工农革命军第一军第一师，下辖第一、二、三团，共约5000人。

③ 1927年9月9日，在毛泽东领导下，爆发了湘赣边秋收起义。起义部队受挫后，他当机立断，率领余部上井冈山，开辟了中国第一个农村革命根据地，建立了第一支中国工农革命军第一军第一师第一团。

④ 1928年4月24日前后，在宁冈县砻市镇，朱德、毛泽东所部正式会师，史称"井冈山会师"。两军会师后，合编为工农革命军第四军，后根据党中央的规定改称红军第四军，朱德任军长，毛泽东任党代表和第四军军委书记。

毛泽东自红军成立后，即将军权完全交与朱德，而集其全力，组织苏维埃，任中华苏维埃共和国主席①，直至国共再度携手合作时代。

国共再度合作以后，随着抗战形势的展开，毛泽东之地位乃更见重要，成为全国人民心目中所属望之第二领袖，报上屡次宣传其已赴汉，且有加入中央政治机构之说，预料不久将来，毛必为中枢重要人物也。

编后语：毛泽东（1893—1976），伟大的马克思主义者，伟大的无产阶级革命家、战略家、理论家，是马克思主义中国化的伟大开拓者，是近代以来中国伟大的爱国者和民族英雄，是党的第一代中央领导集体的核心，是领导中国人民彻底改变自己命运和国家面貌的一代伟人。在1923年召开的中共三大上当选为中央委员，在1924年、1926年召开的国民党第一、第二次全国代表大会上均当选为候补中央委员。在1927年中共召开的八七紧急会议上，提出了枪杆子里面出政权的思想，当选为中央政治局候补委员。创建了中国第一个农村革命根据地，建立了第一支中国工农革命军。1930年任中国工农红军第一方面军总政治委员、总前委书记。1931年先后任中共中央苏区中央局书记、

---

① 1931年1月，中共扩大的六届四中全会在上海召开，在共产国际代表米夫等的支持下，以王明为首的"左"倾冒险主义在党内取得了领导地位。在中央苏区，他们排斥毛泽东的正确领导，派他去做政府工作。同年11月7日至20日，中华苏维埃第一次全国代表大会在瑞金举行，选举毛泽东为中华苏维埃共和国中央执行委员会主席和人民委员会主席。

中华苏维埃共和国临时中央政府主席。在 1935 年 1 月遵义会议上，被选为中央政治局常委。在 1945 年召开的中共七大上，毛泽东思想被确定为全党的指导思想，自党的七届一中全会后，一直担任中共中央主席。在 1949 年 9 月召开的中国人民政治协商会议上当选为中华人民共和国中央人民政府主席。毛泽东把马克思主义与中国革命实践相结合，在新民主主义革命时期，开辟了一条具有中国特色的农村包围城市、武装夺取政权的革命道路，创立了中国特色的革命理论体系，即完整的新民主主义革命理论体系，新中国成立后，他又成功地开创了一条适合中国国情的社会主义改造道路，指引我国迅速实现由新民主主义向社会主义过渡，从此，我国进入社会主义初级阶段，确定和奠定了社会主义制度。随后，毛泽东又率领全国人民对社会主义建设道路进行了艰辛探索，既取得了伟大成就，又发生过失误，甚至像"文化大革命"这样严重的错误。但就他的一生来看，"他对中国革命的功绩远远大过于他的过失。他的功绩是第一位的，错误是第二位的"。他是中国的列宁，名副其实。

赤黄埔系领袖——周恩来

　　周恩来，浙江义乌人[①]，早年曾留学法国，为勤工俭学出身，与李立三陈延年等是同学。当李立三等在巴黎组织中华少年共产团时，周首先加入[②]，并当选为委员。后该团改为中国共产党留法支部，周任宣传部长，并主编机关杂志"赤光"，盖此时已露头角矣。

　　民国十三年，周恩来回国，由共党派往北方工作，在天津识

[①]　周恩来，祖籍浙江绍兴，1898年3月5日生于江苏淮安。

[②]　1921年底，周恩来和赵世炎等开始酝酿建立旅欧青年的共产主义组织。1922年6月，在巴黎召开了成立大会，建立了旅欧中国少年共产党。赵世炎为书记，周恩来负责宣传，李维汉负责组织。这个组织后成为中国社会主义青年团旅欧支部。

直隶女人邓颖超①，双方由恋爱而结婚。②邓颖超亦为一不凡之才，曾在国民党第二次全国代表大会时，当选为中央候补委员，其后并曾随红军作二万五千里长征，为三十个女英雄之一，至今尚在陕北统一战线区。

是年冬③，周恩来又从北方调迁至广东，住广州万福楼国华银行楼上，最初在大本营任职，后又入黄埔军官学校，任代理政治部主任，同时兼任军事委员会政治训练部之政治训练班主任，共产党员之参加国民党军队的政治工作，实以周恩来为嚆矢。

十四年十月，广州国民革命军二次东征，蒋介石任第一军军长兼东征军总指挥，周恩来则任第一军政治部主任，追随左右，颇得信任。东征胜利后，周被任为东江行政委员，统辖东江各属行政，遂以军界红人而兼任行政要员矣。其在汕头时，风头之健，无与伦比。

及十五年三月，中山舰事变起，党代表撤回，周之政治部主任及行政委员均被撤职，幸此时蒋为安插一般退职之党代表政治工作人员起见，在大佛寺设一高级政治训练班，即委周为主任④。周以此时余暇颇多，遂专做共党内部工作，任广东区委委员及军区书记，专负军事方面责任，故周在共产党中，有赤黄埔系领袖之称，因其后红军工作人员中，颇多旧日黄埔生也。

十六年三月，汪精卫由法归国抵沪时，周恩来为陈独秀之代表，由周引汪见陈，继即与汪同往武汉⑤，在共党五次大会中，

---

① 邓颖超，祖籍河南省光山县，1904年2月4日生于南宁。
② 周恩来在1919年五四运动中就已经认识了邓颖超。周恩来回国后并未被派往北方工作，9月初即到广州工作。
③ 1924年7月上旬，周恩来回国，9月初到广州。
④ 没有资料证明，周恩来在此地任过本职。
⑤ 1927年5月下旬，周恩来由上海秘密到达中共中央所在地武汉。汪精卫在24日已抵武汉。

当选为中央委员，五次大会后接开之一中全会上，周又被推为军事部部长，武汉政府时代，周亦为幕后要员之一。七月中旬，武汉政府有分共之议，周遂往南昌，参加八一暴动，任革命委员会委员，参谋团主任参谋。及贺叶南征军在丰润失利，周亦曾被俘虏，赖行贿得释①，由汕逃港，从港抵沪。

时共党中央亦已由武汉迁往上海，中央总书记陈独秀已被攻击下台，由瞿秋白继任。周恩来抵沪后，与李立三恽代英张国焘等共同清算八七会议后在瞿秋白领导下所造成之暴动错误政策，瞿秋白自觉无颜，乃辞职赴莫斯科，任中共驻莫斯科代表团主席，中央总书记及政治局主席，乃由向忠发担任，而实际上，大权全在政治局常委兼中央宣传部长李立三手中，周恩来则以中央政治局常委而兼中央组织部长中央军事部长等要职，成为第二重心，此时已为立三路线之开始时代矣。

立三路线造成非常严重之错误，第三国际为推翻李立三之统治起见，乃命周恩来赴俄听训，然后命其为国际代表，与瞿秋白一同回国，纠正立三路线之错误。周遂于十九年冬②，以国际代表资格，召集中共扩大的三中全会于上海，但周为人过重情感，致会议结果，仅以调和了事，不仅未曾推翻立三路线，且无形中给立三路线以一重有力之保障。第三国际乃调莫斯科中山大学校长米夫，率陈绍禹（王明）以下二十八个布尔塞维克来华③，始

---

① 此处严重不实。1927 年 10 月 3 日，周恩来与贺龙、叶挺等到达广东普宁县的流沙。他在这里召开紧急会议，宣布打出苏维埃的旗帜，实行土地革命，决定武装人员去海陆丰帮助农民开展斗争，自己随部队行动，其余的领导人分别转往香港或上海。这时，周恩来正患疟疾，病情沉重。在当地中共组织的掩护和叶挺、聂荣臻、恽代英的安排下，乘船到香港治病。

② 1930 年 9 月 24 日至 28 日，瞿秋白、周恩来主持召开了中国共产党扩大的六届三中全会，结束了李立三的"左"倾冒险主义错误。

③ 1929 年 4 月，王明先于米夫来华前已回到上海。

克推翻立三路线。立三路线被推翻后，中央政治局主席改为主席团，主席团共三人，由周恩来向忠发陈绍禹分任之①，周仍兼任中央军事部部长。

念三年一月，共党中央在赤都瑞金开第五次全体会议，决议改组中央。中央之组织，本有一组织局，五中全会将组织局改为书记局，并选出书记九人，计秦邦宪，陈绍禹，周恩来，张闻天，杨尚坤（昆），刘少奇，项英，吴亮平，王稼蔷（祥），而以秦邦宪为总书记。政治局委员为十一人，计周恩来，朱德，毛泽东，秦邦宪，陈绍禹，杨尚坤（昆），王稼蔷（祥），张闻天，刘少奇，项英，吴亮平②，而以周恩来为主席兼中央军事部部长，是年秋，国军围剿苏区，广昌大决战之后，周恩来与毛泽东在一小屋中计划突围西上，遂奠定后来在西北之局面。

念五年底之西安事变中，周恩来为最活跃之人物，且为斡旋国共合作之最大功臣。国共再度合作后，周之地位，更为重要。现已奉召赴汉，为蒋委员长手下唯一之亲信焉。

编后语：周恩来（1898—1976），伟大的马克思主义者，伟大的无产阶级革命家、政治家、军事家、外交家，党和国家主

---

① 此处不正确，这时未曾改主席团，王明在四中全会后选为政治局委员，不久，补选为常委。
② 1934年1月15日至18日在江西瑞金召开的六届五中全会选出的中央政治局委员是：秦邦宪、张闻天、周恩来、王稼祥、项英、陈绍禹、陈云、康生、任弼时、张国焘、毛泽东、顾作霖，候补委员是：刘少奇、朱德、关向应、邓发、何克全（即凯丰）。

要领导人之一，中国人民解放军主要创建人之一，中华人民共和
国的开国元勋，是以毛泽东同志为核心的党的第一代中央领导
集体的重要成员。土地革命战争期间，担任中共苏区中央局书
记、中国工农红军总政委兼第一方面军政委、中央革命军事委员
会副主席。抗日战争期间，周恩来任中共中央代表和南方局书
记，长期在国民党统治区武汉和重庆做统一战线工作。1945 年
6 月，在中共七届一中全会上当选为中央政治局委员、书记处书
记。1946 年夏，蒋介石撕毁停战协议，发动全面内战，任中共
中央军委副主席兼代总参谋长，协助毛泽东组织和指挥解放战
争，打败了蒋介石，建立了新中国。新中国成立后，任政府总理
26 年，同时曾兼任外交部长、全国政协副主席、主席、中共中
央副主席、中央军委副主席等职。1954 年出席日内瓦会议，代
表中国政府倡导和平共处五项原则作为国与国之间的关系准则。
1955 年出席万隆会议，主张和平共处，反对殖民主义，提倡求
同存异，协商一致，曾出访过欧、亚、非几十个国家，增进了中
国人民与世界人民的友谊。在 1975 年召开的第四届全国人民代
表大会上，周恩来代表中共中央提出在 20 世纪内全面实现我国
四个现代化。"文化大革命"中，他成为中流砥柱，力挽狂澜，"鞠
躬尽瘁，死而后已"。他是人民公仆的楷模，深受全党全军全国
人民的爱戴，被誉为"人民的好总理"。

天才政治家——王明

    王明，其真姓名为陈绍禹，又名陈韶玉，但世间知王明者多，而知陈绍禹者少，故今仍以王明称之。王为安徽人[①]，一精明干练之英俊青年也，具有深刻的社会科学理论之研究，文章口才均极锐利，日本杂志中曾称之为罕见之中国天才政治家，洵非虚语。

    民国十四年，王明入莫斯科中山大学读书，即于斯时加入共产主义青年团[②]，中山大学副校长米夫，极爱王之聪明伶俐。当

[①] 王明 1904 年 5 月 23 日生于安徽省六安县金家寨（今属金寨县）。

[②] 据王明夫人孟庆树说，1924 年秋，王明经林育南、梁仲明介绍加入共青团。1926 年 12 月 14 日王明在莫斯科中山大学填写的履历表中，说他 1925 年 8 月加入湖北（武昌）地方青年团。（见郭德宏：《王明传》（增订本），人民出版社 2014 年版，第 21 页注③）1925 年 10 月，经许鸿、蔡以忱介绍加入中国共产党。

时米夫在全俄共产党中，地位并不高，乃属于最低干部之人物，惟彼极精通中国问题，且系澈底之斯大林主义拥护者。中国革命既成为共产国际当前之任务，米夫遂以中国通之地位，常于斯大林前谈及中国问题，并常提出意见，贡献斯大林，渐为斯氏所倚重。十五年冬，第三国际派代表团来华，米夫为其中心人物。王明随之归国，任通译人员①。其时正属中国革命政府最高顾问鲍罗廷之全盛时代，共党之干部，亦均系鲍罗廷系人物，米夫来华，殊无光彩，亦未受中共之优礼。王明虽名义上为该代表团之通译，而实际上，演讲之口译全部由张太雷负责②，文件之笔译又归郑超麟担任，中共对其亦仅以普通翻译看待，故王明与米夫，同为失时失势之不幸者，二人同病相怜，及代表团回俄以后，乃益形亲近。

王明与米夫失意返抵莫斯科不久，适第一任中央大学正校长拉狄克，因反干部派关系，被褫夺校长一职。（最早来华组织共产党及与孙中山先生谈判中国革命运动之越飞，亦于此时自杀，均与托洛斯基反干部派之被放逐有关）联共乃以副校长米夫升任正校长之职，主持校务。一方因中国革命之地位已成为世界革命之重要关键，精通中国问题之米夫，亦因之变成重要份子；一方因反干部派托洛斯基布哈林被推翻，斯大林之独裁完成，拥护斯

① 1927年2月初，王明奉命随米夫率领的"联邦共产党中央代表团"前往中国。主要任务是：1.帮助中共中央出版日报；2.办工农干部政治军事训练班，时间为三至六个月，人数为三至五千人，做扩军及领导农民武装和土地改革的骨干。开始翻译是潘家辰，后王明成为米夫的左右手。3月中旬，米夫一行到达广州，4月9日前往上海，4月18日离开上海，4月22日到达汉口俄租界的苏联同志招待所。7月初，王明随米夫离汉赴沪，乘船到海参崴，于8月初回到莫斯科。（见郭德宏：《王明传》（增订本），人民出版社2014年版，第37—39页）
② 此处不实，张太雷未做过米夫的翻译。

大林最力之米夫，地位遂亦渐臻重要；再则因中共中央总书记自瞿秋白至向忠发，均被李立三劫持，而立三路线，又不啻操力自动取消中国革命，反对左倾取消主义及不满鲍罗廷秉中共干部人物之米夫，因之获得绝好报复机会。米夫言之于斯大林，而反立三路线，乃飞令至中国。

当国际路线未发出，立三路线仍盛行一时之日，莫斯科中山大学内部，教务长亚柯与校内党支部书记西美尼柯夫，争夺校长甚烈。中国学生中，属于教务派者，有俞秀松，董亦湘，顾谷宜，周达明等，属于党务派者，有沈泽民，张闻天，吴锺，李俊之，卜世畸等，二派相持不下之时，校长米夫与王明等出而组织第三派，转瞬间，两派均被击倒，亚柯及西美尼柯夫均撤职，代以米夫派之柯深夫及盘尔曼，王明升任支部宣传部长。教务派之董亦湘顾谷宜等，仍与王明等顽抗，形成中山大学之严重内讧，惟党务派之沈泽民张闻天卜世畸等，则渐与王明米夫站在一起，于是米夫盘尔曼王明秦邦宪等，乃在中山大学，造成清一色之地位，此民国十六年冬事也。

十七年春①，中国共产党在莫斯科举行第六次全国代表大会，在大会中产生之新中央，为中共总书记向忠发，中央政治局主席向忠发，中央政治局常委周恩来，李立三②，中央组织部长周恩来，中央宣传部长李立三，中央军事部长周恩来，中央职工部长项英，中央农民部长张国焘，中央妇女部长邓颖超，中央党报编

---

① 1928年6月18日至7月11日，中国共产党第六次全国代表大会在莫斯科召开。
② 在第六届中央执行委员会第一次全会当选政治局常委的正式五人：向忠发、周恩来、苏兆征、项英、蔡和森；候补三人：李立三、徐锡根、杨殷。

辑委员会主席李立三①。中共中央仍设上海。大会闭幕以后，各中委即纷纷回沪。时中共总书记虽仍为向忠发，然大权全在李立三手，此即立三路线时代也。

李立三既潜握中共之大权，即发挥尖锐之机会主义，一意专横，暴君之下，无人能抗，惟莫斯科之中国留学生，则颇思起而加以制裁，即普通所谓旅莫支部打击立三路线之举也。民国十八年，米夫请于斯大林，斯大林请于第三国际，第三国际乃派王明张闻天沈泽民等二十八个布尔塞维克回国②。王明时仅任中共中央宣传部干事，回国后，伺机与党内之罗章龙何孟雄王克全等结成反李立三派，开始反李斗争。李立三探知王明发动反李运动，即加以留党察看处分，后得向忠发出而转圜，乃被派赴沪西区，帮助区委工作。时第三国际方面，适派米夫为国际代表，来华整理中共③，米夫抵沪后，首先即恢复王明之党籍，且委为沪东区区委书记，其间王曾一度被捕，李立三不肯营救，幸赖米夫之力，行贿得释。不久又升任江苏省委书记。而米夫打击李立三之明斗，乃于焉开始。

及民国十九年七月，长沙暴动失败，李立三之统治逐渐动摇，立三路线自造事实，证明此路不通。是年冬，中国共产党接连召开第三第四两次中央委员全体会议，清算立三路线，至二十

---

① 1928 年 7 月 20 日，六届中央政治局第一次会议讨论中央各部组织及分工如下：中央政治局主席兼中央常委主席向忠发，中央常委秘书长周恩来，组织部长周恩来，宣传部长蔡和森，军事部长杨殷，工委苏兆征，农委李立三，妇委张金保，党报主笔蔡和森（兼），与国际代表交涉财政及交通苏兆征（兼）。（以上见《中国共产党第六次全国代表大会档案文献选编》，中共党史出版社 2015 年版，第 843—844 页）

② 1929 年 4 月，王明等从莫斯科回到上海。

③ 1930 年 7 月，米夫被任命为共产国际执委会远东局负责人，并于 10 月抵达上海。

年初，立三路线被肃清，李立三奉召赴俄，其党徒多受处分。

四中全会以后，王明起而掌权，以中央政治局常委兼组织部长控制一切。不久，中共总书记向忠发被捕殒命，即由王明升任中央总书记①，为中央最高负责领袖。但王明在党内究为后起人物，其地位势力均不足与毛泽东匹敌，故自念一年秋共党中央机关迁往江西瑞金苏区后，王虽仍为中央总书记②，但告朔饩羊，形同虚设，王无奈，乃请求赴俄，由共党中央任其为中共驻莫斯科代表团主席，王遂出国，此念二年夏事也。念三年，王转任中共驻第三国际总代表，出席第三国际第七次大会，当选为第三国际委员及国际政治局委员③，在国外发表关于统一战线及抗日言论甚多。

"八一三"抗战起后，王明即由俄返国④，现已与周恩来一同抵汉，曾与蒋委员长晤谈数次，颇为蒋所信任。

编后语：王明（1904—1974），中共党内的教条主义者，原名陈绍焜，写作陈绍禹、笔名陈韶玉等，字露清。1925年10

---

① 王明没有任过中央总书记。1931年1月10日，中央政治局召开会议，讨论政治局成员分工和中央常委人选等问题，决定向忠发、周恩来、张国焘为中央政治局常委会委员，常委会主席仍由向忠发担任。
② 王明于1931年10月18日，与夫人孟庆树等秘密乘日本船离沪赴苏联，担任中共驻共产国际代表。
③ 1935年7月25日至8月20日，共产国际第七次代表大会在莫斯科召开。在这次会议上，王明被选为执行委员会委员。大会结束后，王明又当选为执委会主席团委员、政治书记处候补书记。
④ 王明于1937年11月14日晚乘苏联军用飞机离开莫斯科，到达新疆迪化(今乌鲁木齐)。

月加入中国共产党，同年11月去莫斯科中山大学学习，组织小宗派集团。1929年回国后，拒绝党分配的工作。1930年9月以后，在共产国际及其代表米夫的支持下，打着"反对立三路线""反对调和主义"的旗号，在1931年1月召开的中共六届四中全会上当选为中央委员、中央政治局委员，取得了在中共中央的领导地位，极力推行"左"倾冒险主义，统治党中央长达4年之久，几乎使中国革命陷入绝境。1931年去莫斯科，任中共驻共产国际代表。抗日战争初期从莫斯科回国，任中共长江局书记，又根据共产国际的指示，推行右倾机会主义路线。1942年延安整风，拒绝承认错误，但中共中央仍本着"惩前毖后，治病救人"的方针，在1945年召开的中共七大上，仍选举他为中共中央委员。1956年去苏联就医，化名马马维奇，撰写《中共五十年》《中共半世纪与叛徒毛泽东》等严重歪曲中共历史和污蔑毛泽东的书籍。1974年3月27日病逝于莫斯科。所谓"天才政治家"，王明只不过是在口头上能背诵马克思、恩格斯、列宁和斯大林著作中的某些现成结论，他根本不懂中国革命实践，不懂得将马克思主义与中国革命实际相结合，因此忽"左"忽右，又拒绝承认错误，还标榜自己一贯正确，因此最后成为孤家寡人。

理财专家——林祖涵

　　林祖涵，字伯渠，湖南醴陵人^①，与李立三程潜等为同乡。林生长于离醴陵城四十五里之一山村中，其家为一世代书香的门第，充满孔孟圣贤气氛，林生活于此环境中，很早即读完四书五经，能诗善赋，此外尚有两种本领，其一为善写北魏，因此而得谭延闿之赏识，提携其出而做政治活动，又其一则长于数学，使之成为共产党内唯一理财专家。

　　林祖涵生于前清末年，少年时代，曾应科举考试，得中秀

---

①　林祖涵，字伯渠，号邃园。1886 年 3 月 20 日生于湖南省临澧西乡（现修梅乡）凉水井村。

才，此为其一生发迹之起点①。科举废止后，即往日本留学②，在日本留未年余，即因他故回国，其后亦未再往。辛亥革命起，湖南光复，谭延闿出任湖南大都督，林即由谭提携，入湖南咨议局办事，后又调任湖南都督府科长③，此为林初入官场时期。谭之提拔林，即因赏识其所书北魏，故对之特别垂青。但林虽为书香子弟，然一入政界，即对政治活动，感觉兴味，故终日努力于政治活动，无暇再写北魏，因之与谭亦日渐疏远，终于脱离督署，且离湘赴沪，参加秘密政治活动。

林祖涵至上海不久，二次革命即告失败，不久，总理组中华革命党，为革命运动之领导机关，林即在上海参加④，最初担任中华革命党总部招待事宜，但为时未几，即赴武汉⑤，至武汉以后，一面公开教书，一面仍参加中华革命党工作。

民国九年，共产党正式成立，林祖涵在武汉立即加入⑥，且留汉专门为共党干秘密工作，当时共党在汉之工作，主要者计共有四部分：（一）运动京汉武长两路工人参加。（二）运动纱厂工人参加。（三）运动汉阳兵工厂工人参加。（四）运动划船夫参加。林对于此四项工作，均甚努力。时共党中央总书记向忠发，尚在武汉划摆渡船，林因常坐其渡船，逐渐熟识，向之说教，不久即

---

① 1902年，林伯渠放弃科举考试，通过县考入西路师范（现常德市一中）就读。
② 1904年春，林伯渠考入日本东京弘文学院。1905年，经黄兴、宋教仁介绍，在东京加入同盟会。
③ 1906年8月，谭延闿出任湖南督军兼省长，林伯渠被委任为省公署秘书兼总务科长。
④ 1914年，孙中山为继续革命，在东京创立中华革命党，林伯渠毅然加入。
⑤ 1915年春，林伯渠奉命回国，到汉口、长沙组织反袁机关。
⑥ 1920年12月，经李大钊、陈独秀介绍，林伯渠加入了中共上海早期党组织。

由林介绍，正式加入共产党。

未几，二七惨案发生，林祖涵虽非京汉铁路工会负责人员，但自二七惨案发生以后，武汉大举搜捕共党，林既为武汉共党中活动份子，当然颇受军警注意，曾一度搜查其后城马路住宅，幸林事前得讯，躲于向忠发划子中，始免被捕。然风声愈来愈紧，划子中亦非藏身之地，因当时军警当局得悉划子夫加入共党者甚多，故注意力亦渐由陆上而至水面。林无奈，只得重新上岸，与其老友兼同志廖乾吾在某处匿居十余日，始设法逃赴上海，转往广东。

林祖涵至广东后，仍参加政治活动如故。不久，国民党改组，于民国十三年一月，在广州召开第一次全国代表大会，林以老同盟会会员资格，经总理指定为出席代表大会之湖北省代表，在大会中，当选为国民党第一届中央候补执行委员，从此林即由共党派在国民党内工作，不再担任共党内部工作。大会结束以后，林仍回武汉，在国民党中央执行委员会汉口执行部工作[①]。但武汉当局对林颇为注意，仍视彼为共党人物，林无奈，乃于十三年十月，仍回广东，即在大元帅大本营任参议。总理旋即北上，号召国民会议，特派林回湘作号召国民会议运动，林乃于十三年十二月回湘。但林在湖南亦不能公开活动，故于十四年二月，仍回广州，任大本营参议如故[②]。十四年八月二十日，廖仲恺在中央党部前被刺，廖仲恺为国民党中枢重要领袖，身任中央常务委员，中央农民部长，国民政府委员，财政部长，总党代表

① 1924年春，国民党中央决定设立汉口执行部，以指导湖南、湖北、陕西等省的党务，林伯渠"调办汉口党务"，任汉口执行部常务委员兼组织部长。
② 1924年11月，林伯渠随孙中山北上。1925年3月12日，孙中山在北京病逝。随后，林伯渠回广州，担任国民党中央执行委员会政治委员会委员兼监察委员。

等要职，廖被刺后，总党代表一职，由汪精卫继任，财政部长一职，由宋子文继任，而中央农民部长一职，则由林祖涵继任，林之服务国民党中枢，实自此时始[①]。

民国十五年，国民党第二次全国代表大会闭幕后，即举行一中全会，林祖涵复被推为中央常务委员[②]，中央农民部长，中央政治会议委员，中央财政委员会主席等，兼职累累，成为国民党中枢要人矣。其时除中央农民部直接在林管辖之下外，中央秘书处亦全在林氏手中，盖其时中央秘书处无秘书长，由常务委员直接指挥，下设一书记长，而当时之书记长刘芬，固林之心腹也。中央财政委员会亦完全在林氏掌握中，发挥其理财专家之本领。此外，林尚任中央政治讲习班理事——中央政治讲习班者，直辖于国民党中央常务委员会，盖专为北伐预备两湖工作人员，故专收两湖学生，授以军事政治知识，理事均为湖南人，计谭延闿程潜毛泽东林祖涵李富春五人，而毛泽东实为主要负责人。

但林祖涵在中枢之时期并不长久，五月十五日，国民党二中全会通过整理党务决议案，规定跨党党员不得兼任中央各部部长，林乃辞中央农民部长之职、中央财政委员会主席一职亦辞去，且彼之心腹任中央秘书处书记长之刘芬，亦被解职，于是林在中枢之势力，被剥削殆尽。幸其时国民革命军北伐，程潜之攻鄂军改编为国民革命军第六军，由程任军长，程以林为其醴陵同乡也，乃委林为第六军党代表兼政治部主任，林乃脱离中央，从事军队工作矣。当时之政治工作，具有极大权威，不受军事长官之节制，况林为国民党中委，在一般政治部主任中，其资望最

---

① 廖仲恺被暗杀后，林伯渠递补为国民党中央执行委员会常务委员（当时在广州仅谭平山、汪精卫、林伯渠三名常委）兼任农民部长，并负责筹备国民党第二次全国代表大会。
② 应为国民党中央执行委员。

高，且程潜之攻鄂军在当时六个国民革命军中，为最末一个，故程对于林颇为恭敬。

革命军抵定江西以后，在江西组织临时政务委员会，为全省临时行政最高机关，林祖涵亦为委员。其后，第六军调赴九江，程潜出任九江警备司令，赴亦随同林浔。十六年三月，国民党中央在汉口召集二届三中全会，林亦往参加①。惟其时第六军已陆续向下游开拔，林乃于三中全会闭幕后，匆匆即赴前方。其时北伐军已下南京，林乃随第六军入南京城，适下关之美国兵舰向北伐军开炮，林以党代表资格，下令回击，此南京事件之所以造成也。但此时国民党中央已决定清党反共，林得讯较早，乃只身逃回武汉，仍在武汉中央党部服务。

林祖涵回武汉不久，武汉亦继起清党，林在武汉不能立足，于是偕同谭平山吴玉章等共党中委，化装赴九江，转赴南昌，参加共党南昌八一暴动。共党于南昌暴动后，组织革命委员会，林亦为革命委员会委员之一，兼任财政委员会主席，随贺叶军南征，入潮汕。及贺叶军在丰润失利，革命委员会亦同归于尽，林乃与谭平山贺龙周恩来等逃往香港。乃一至香港港口，即被海关巡查员扣留，幸贺龙熟悉此中门槛，出洋三千元，贿买巡查员，始得脱险，在香港安然登陆。后又得贺龙资助，由香港秘密至上海，寓居于新太沽路慎余里一五六号。

林祖涵在上海居留时间仅一月，旋即于十七年一月赴日本，初在东京休养，但其时共党适在莫斯科召集第六次全国代表大会，林亦经共党中央指定赴莫斯科出席，乃由日本赴海参崴转赴

① 1927年3月，林伯渠出席在汉口召开的国民党二届三中全会，在会上当选为中央政治委员会常务委员，不久又被推为国民政府军事委员会秘书处处长。

莫斯科。六次大会结束后，林与吴玉章（亦共党中委）同在海参崴居住，林且在一工人小学校执教①。

在海参崴居留期中，此年将就木之六旬老翁林祖涵，乃复创造一奇迹，对于祖国未来文化作伟大之贡献，盖即拟定中国话写法拉丁化之新文字方案是也②。此举甚得海参崴共党当局之赞许，且予以一千金卢布之补助费，且因此而为伯力远东大学所聘，任汉文教授。同时，吴玉章亦由海参崴"工人日报"聘为编辑。

林祖涵就任伯力远东大学汉文教授不久，第三国际方面，忽接毛泽东来电，要求派林回国，办理苏区财政。盖自中华苏维埃政府成立以后，财政人民委员一职，由吴亮平担任，但吴实不胜此职，继任人物，颇费踌躇，最后乃忆及林。盖一则林在共产党内有理财专家之称；二则林与毛为湖南同乡，且会同为国民党之中央政治讲习班理事，感情颇佳；三则周恩来与林亦颇投机，故周亦赞成林出任财政，因此之故，林乃于念二年秋季③，重回祖国。念三年一月中苏二次大会开幕，林亦参加，当选为中苏中央委员，且兼主席团，复兼财政人民委员。是年冬，红军被迫放弃江西，从事二万五千里的长征，林亦参加在内。此为其第二次之

---

① 林伯渠未出席中共六大。他 1928 年秋抵达莫斯科后，与吴玉章等一同入中国劳动者共产主义大学（原名中山大学）学习，编入该校特别班，1930 年夏结业。当时苏联根据革命形势发展的需要，决定从留苏的工人中培养做政治工作和教育工作的干部。为此，将原海参崴俄国党校的中国部单独建校，命名为苏联远东边疆中国苏维埃党校，林伯渠和吴玉章先后选派去当教员。

② 1931—1932 年，林伯渠、吴玉章同苏联语言学家一起，制造了中国北方话语拉丁化方案，编写了一本汉语拉丁化教科书和一部词典。

③ 应为 1933 年 3 月。4 月，中华苏维埃临时中央人民政府人民委员会颁布第 10 号训令，确定成立国民经济人民委员部，任命林伯渠为部长。8 月 12 日，林伯渠在江西叶坪主持召开了赣南 17 个县经济建设大会，会后兼任临时中央政府财政部长。

跋涉长途，第一次即随贺叶军南征时代，于六月炎天奔波千里，人皆视为难能，此次则较第一次更难，盖沿途所经，皆高山大水及不毛之地，四面复有国军包围追剿，林以六十老翁，当此险境，实属九死一生，而林居然履险如夷，从江西到陕北，安然完成二万五千里之征程，途中不特未生疾病，且反精神矍铄，不可谓非国家之人瑞。国民党中委中，如吴稚晖张静江等元老，固亦赞助革命有功，然以较林祖涵之革命经历，实不啻如小巫之见大巫也。

编后语：林祖涵（1886—1960），字伯渠，无产阶级革命家、杰出的政治活动家，党和国家的领导人之一。1905年在东京加入同盟会，后又加入中华革命党。1920年加入中国共产党。在国民党一大、二大上，分别当选为中央候补执行委员、中央执行委员，曾任国民政府农民部长，参加了南昌起义，当选为中国国民党革命委员会委员兼财政委员会主席。他是中华苏维埃临时中央人民政府财政部部长，参加了长征，到达陕北后任陕甘宁边区政府主席。在1938年10月召开的中共六届六中全会上被补选为中央委员，在1945年中共七大上继续当选中央委员，七届一中全会上当选为政治局委员。新中国成立后，1954年在第一次全国人民代表大会上当选为人大常委会副委员长，1956年在中共八大上再次当选为中央委员和政治局委员。林伯渠鞠躬尽瘁，晚节弥坚。陈毅元帅在悼念诗中赞誉他"革命一生毫无愧，路线正确是英雄"。

革命英雄——张国焘

　　张国焘，字特立，江西吉水县人[①]，出身为一大地主，拥有良田三千亩，且为世代书香，官宦之家，其曾祖父曾任道台，祖父为翰林，并曾任知府，其父亦为一孝廉，故就其身世而论，实为一富贵双全之纨袴（绔）子弟。但张虽生长富贵之家，而秉性特异，同情贫苦，厌恶富贵，此即其后来加入共党之出发点。张家既富有，自能受充分教育，因此在江西中学毕业以后，即考入国立北京大学[②]。时陈独秀正任北京大学文学院长，李大钊亦在北大任教授，张受薰（熏）陶久，思想更趋极端，其后遂与陈独秀李大钊等发起共产党，成为中国共产主义运动中之重要

---

① 张国焘 1897 年 11 月 14 日生于江西省萍乡市上栗区金山乡山明村。

② 1916 年，张国焘考入北京大学。

一员①。在"二七"以前，张国焘即在中共中掌组织工作，其重要仅次于陈独秀，而实际且在李大钊上。

张国焘加入共产党后，即努力共党工作，置学校功课于不顾，甚至久不到校。未几，"二七"京汉路工潮起，张奔走于京汉道上，尤为出力，但因此受地方军警之注意，卒于是年四月间，在北京被捕。被捕以后，曾惨遭非刑，毒打至见骨，但卒不肯供一词，军警当局亦无可如何，一时人遂称之为"不怕死的革命英雄"②。后由其父执某巨（万）公为之保释。

张父名嘉铭③，虽为孝廉，但亦系吉水第一大土豪，平时鱼肉乡里，为张所深恶痛绝。自张接受陈李思想之薰（熏）陶，加入共产党后，对其父更为不满。但其父仍不乏爱子之心，故当其入狱后，其父虽在原籍，仍为之极力营救，张之得能出狱，未始非其父之力。但此事殊不能挽回张对其父之感情，出狱以后，即不与家中通音讯，其父颇为焦急，亲自至京访问，遍觅一星期之久，始将张住址找到，按址往访，时张正在寓起草文件，见其父猝至，颇为惊异，询其来意，其父直云欲同其回家，张不允，触其父怒，以掌击之，张亦还击，父子立起战争，幸寓中人劝解始罢。其父出，即登报驱逐其子，申明脱离家庭关系。从此，此富家公子，遂成为无家可归的流浪者矣。

---

① 1920年10月，李大钊、张申府、张国焘在李大钊的办公室决定正式成立北京中共早期党组织。

② 据姚金果、苏杭著《张国焘传》称：1924年5月21日凌晨，京师警察厅派出侦缉队前往全国铁路总工会的秘密机关进行搜捕……在腊库十六号杏坛学社内逮捕了张国焘和他的妻子杨子烈。"张国焘忍受不住敌人的严刑逼供，勉强筑起来的防线彻底垮倒，他贪生怕死，终于向敌人供出了李大钊、陈独秀、谭平山、张昆弟及北京的共产党员等。"（《张国焘传》，陕西人民出版社2000年版，第147页）

③ 张国焘的父亲名觐珖，字鹏霄，号劼庄，生于1875年。

张国焘与家庭脱离关系后，更努力于共党工作。民国十一年，共产党开第二次全国代表大会，张亦参加，且当选为中央候补委员①，从此以后，共党每届大会，张均参加，且均当选②，故人目张为共党中之元老派。十二年，共党奉第三国际之命，加入国民党，参加国民党改组工作。十三年春，国民党在广州开第一次全国代表大会，张亦往参加，且与瞿秋白毛泽东等，同当选为国民党候补中央执行委员。十五年春，国民党开第二次全国代表大会，张亦出席参加焉。三月二十日中山舰事变后，张曾致一极长之公开信与国民党全体党员。

国民革命军克复江西后，江西其党发展颇速，张国焘为江西共党前辈，至此，乃奉共党中央之命，任江西区委（后改省委）书记③，总理全省党务，共党在江西之发展，张实与有力焉。

民国十六年五月，共党在武汉开第五次全国代表大会，张亦往参加，且当选为中央执行委员。时湖北共党发展甚速，工作较江西尤为重要，须得干员主持，故共党中央乃调张国焘为湖北省委书记，主持湖北全省党务。其时共党中央亦在武汉，该党中心势力，即在湖北，故张之地位极为重要也。

但未几，即告分共，张国焘乃东走江西，至南昌，参加八月一日之南昌暴动。革命委员会成立，张亦为委员之一。时革命委员会之下，尚有一农工委员会，张即任该委员会之主席。时江西

① 1922 年 7 月 16 日至 23 日，中共二大在上海举行。这次大会选举陈独秀、张国焘、蔡和森、高君宇、邓中夏为中央执行委员。
② 在 1923 年 6 月 12 日至 20 日于广州召开的中共三大上，张国焘仅得 340 张票中的 6 票，既没当选上中央委员，连候补中委也不是。
③ 此处不实。1926 年 11 月 26 日，国民党中央政治会议临时会议决定，将国民政府和国民党中央党部迁至武汉。据此，中共中央任命张国焘作为中共中央代表，负责"指导湖北区委、发展工农势力、团结国民党左派、争取北伐胜利"；同时兼任中共湖北区执行委员会书记。

省政府随革命委员会南行，张亦系省政府委员之一，故在南昌暴动中，张之地位，亦极重要也。当革命委员会随贺龙叶挺军南征入粤后，张亦随行，在潮汕惨遭失败，张与恽代英同自惠州逃潮阳，预备自潮阳渡海赴汕头，转赴上海，不意在潮阳与恽同时被捕，幸彼时张身边适有现金数百元，得行贿释放，逃至上海①。

民国十七年春②，中国共产党在莫斯科开第六次全国代表大会，该会系在第三国际直接指挥之下，空气极为紧张，而对于武汉时代共党之错误，批判尤力。张国焘亦赴莫斯科，参加此项会议，因其在当时系湖北省委书记，所负责任，极为重要，故其错误，亦应负责，因此大受到会代表之批评，有谓其为尾巴主义者，有谓其为机会主义者，张至此颇为受窘。但六次大会结果，张仍当选为中央委员。

六次大会后，张国焘即回国，最初派赴香港工作，旋即回沪，在共党中央工作。时共党中央方由李立三当权，即所谓立三路线也。张本有陈独秀派机会主义之嫌，因其与陈独秀彭述之等同为共党之老派领袖，故此时张在中央，不仅无权，且颇受压

---

① 此处严重不实。10月3日，南昌起义前委和革命委员会及有关军事负责人在广东普宁县境内流沙镇天后庙召开紧急会议。会议由周恩来主持，他这时正发着疟疾。这次会议根据当时的形势，对会后方针和去向做了研究和部署。会后，恽代英和李立三、汕头市委书记杨石魂等同志安排重病的周恩来在叶挺、聂荣臻陪同下，乘小船赴香港。随后，恽代英等也从海边甲子港乘船抵达香港。

② 中共六大于1928年6月18日至7月11日在莫斯科郊外的一座旧式庄园里召开。在这次大会上张国焘当选为中央委员，在六届一中全会上又被选为中央政治局委员。

迫，不得已，乃再度赴俄①。

幸未几，立三路线失败，反立三路线者皆得重用。张国焘因此得回国，在江西苏区工作。第一次苏维埃全国代表大会时，当选为苏维埃中央政府副主席，人民委员会副委员长，红极一时。念一年夏，由苏区来沪②，在共党中央工作，其后又被派赴鄂豫皖苏区，即徐向前旷继勋所率领之红第四方面军也。徐向前入川，张亦随军前往，任省苏维埃主席，与四方面军总指挥徐向前政治部主任陈昌浩，同为造成红军入西北基础之元勋。张貌与毛泽东颇相类似，其不修边幅亦同，而风格深沉，较毛尤过之。

编后语：张国焘（1897—1979），名为"革命英雄"，实则革命叛徒。他成功地隐瞒了1924年出卖李大钊、陈独秀等人的事实，直到1981年《历史档案》第2期，才刊布了他当年在京师警察厅写的供词。张国焘到鄂豫皖苏区后，极力推行王明"左"倾冒险主义错误，大搞"肃反"，错杀了一大批黄麻起义与鄂豫皖苏区的创始人（详见本书《红军第一军军长——许继慎》）。

---

① 中共六大后，中共中央决定组成中共驻共产国际代表团。代表团由五人组成：瞿秋白、张国焘为中共驻共产国际代表；邓中夏、余飞为中华全国总工会驻赤色职工国际代表；王若飞为中国农会驻农民国际代表。因此，中共六大后，张国焘就留在了莫斯科，直到1931年1月20日前后才从莫斯科回到上海。

② 1931年1月7日，中共扩大的六届四中全会在上海召开，张国焘没有出席这次会议，却选他为中央政治局常委兼中央宣传部长。4月，张国焘便派往鄂豫皖苏区，任苏区中央分局书记兼军委主席。在同年11月于瑞金召开的全国苏维埃第一次代表大会上当选为中华苏维埃临时中央政府副主席。

1935年6月，红一、四方面军在四川懋功会师，任红军总政治委员。他仗着人多枪多，妄图"枪指挥党"，反对党中央北上的正确路线，竟于同年10月擅自率领一部分红军南下川康边境，于5日在卓木碉非法成立"党中央"，公开分裂党和红军。1936年6月，在共产国际代表张浩和党中央的耐心说服和红二、四方面军广大指战员的反对下，张国焘被迫取消第二中央。1937年4月，张国焘任陕甘宁边区政府副主席。1938年4月，他以祭黄帝陵的名义只身叛逃，到汉口投入国民党特务集团。18日被开除中国共产党党籍。全国解放前夕逃往台湾，后移居香港。1968年12月定居加拿大，1979年12月3日病逝于加拿大多伦多养老院。

绿林豪杰——贺龙

  贺龙，湖南桑植人[1]，身材魁梧，容貌白皙。其出身人皆知为绿林豪杰，但实则系出大家，惟自幼浪荡不堪，未受教育而已。十四岁时，即开始流荡生活，贩卖某种特货，至湘西之津市合口一带。湘西因多山之故，当时遍地皆匪，贺不幸在某次贩运中，全数被劫，使之流落于合口，不能回乡。适合市有名匪首汪某，与之过于中途，见其身材魁梧，声音洪亮，颇为惊异，遂邀其至家款待。后贺发迹，为沣县镇守使，汪某亦被召至其部下任职，知恩报恩，贺实有焉。

  至贺之起事，相传系由一把菜刀干起。当贺十六岁时，湘西

---

[1] 贺龙祖籍湖北钟祥县，1896 年 3 月 22 日生于湖南省桑植县洪家关一户贫苦农民家庭。

181

大饥，贺家虽系大家，但同族中无米为炊者甚多，至于回邑饥民，自然更多，而驻军之搜刮剥削，有加无已。某日，贺在村中间步，见有一荷枪之兵，在溪边俯首饮水，贺即取菜刀一把，自背后猛砍之，兵落水死，乃取其枪，号召于众曰："官逼民变，吾辈再不造反，死无葬身之地矣！"其同族辈首先附和之，村中壮勇，亦多附和，得一百一十七人①，贺亲自执枪前导，夜袭邻镇驻军，败之，得枪十九杆，合共二十支矣。如此辗转增加至有枪四十余支，群众数百。次年，又袭邻县大庸为根据地，于是此十七岁之少年贺龙，乃俨然成为绿林豪杰矣。

民国七八年间，贺龙所部即被湖南当局收编，任团长，以后官阶年有增加，由团长而旅长而镇守使而师长而军长。国民革命军北伐，贺在湘西首先响应，任第九军（彭汉章部）第一师师长②。武汉政府成立后，改任独立第五师师长③。武汉政府讨伐张作霖时，贺亦随军北伐。隶张发奎之第一纵队，时人因贺为土匪出身，颇为轻视，但贺却率部转战豫东，屡建奇功，逍遥镇之役，杀得奉军片甲不留，当时与贺部对垒者为奉军之主力十一军赵恩臻部，在奉军中有铁军之称，可说是北方第一劲旅，但竟为贺部所败，军长赵恩臻之坐轿亦为贺部所获，武汉

---

① 1945年贺龙在参加中国共产党第七次代表大会时填写的履历表上写道："1917年，曾用两把菜刀，发展到百余人的队伍，任（护法军）援鄂军第一路总司令所属之游击司令。"

② 1926年2月，广东国民政府准备北伐。贺龙闻讯后立即响应。5月初，他以澧州镇守使、川黔边防军第五路司令名义通电北伐。7月中旬，广东国民政府将贺龙的部队正式改编为国民革命军第八军第六师，军长唐生智任命贺龙兼湘西镇守使。后改属彭汉章第九军，为该军第一师师长。

③ 应为国民革命军独立第十五师。

政府因贺出马即建功，甚为嘉许，擢升其为第二十军军长①，仍隶张发奎部，此时之贺龙，乃俨然成为武汉政府中之重要人物。

但其时武汉政府已在风雨飘摇之中，七月中旬某夜，汪精卫视往访贺，说武汉政府将要反共，愿共同努力，贺当即允诺，惟请发饷五十万，汪立签一即期支票，贺得款后即率所部开拔东下，由鄂城武穴而九江，汪本命贺在九江待命，而贺则率所部开赴南昌，与叶挺潜图大举。盖此时贺已倾向共党，汪却尚被瞒在鼓里。七月廿八晚上，汪精卫孙科唐生智张发奎开庐山会议于牯岭，决议，电饬贺龙叶挺即回九江，但八一南昌暴动即已爆发，南昌暴动爆发后，贺龙任总指挥兼革命委员会主席，但其正式加入共党，却在南昌暴动之后②。

南昌暴动只能谓为政变，不能谓为暴动，因为在事变中，既未杀人，亦未放火，对于整个社会制度，亦无何扰乱捣毁，所以谓为暴动，实觉名不符实。当时驻南昌之军队，计朱培德之第三军有二团，此外即为贺龙之二十军，叶挺之二十四师，蔡廷楷（锴）之第十师（属十一军朱晖日部）事变之起因为庐山会议，实际上亦即武汉政府之分共会议，会议之决议为：

一、严令贺龙叶挺限期将军队撤回九江。

二、封闭九江市党部，九江书局，九江国民新闻报，并逮捕其负责人。

三、第二方面（即张发奎军）实行清共，通缉廖乾吾高语罕

---

① 因在第二次北伐战争中，贺龙所率独立十五师立下赫赫战功，被誉为"战绩最大""声誉最高""异常奋勇"的"钢军"。1927 年 6 月 15 日，武汉国民政府决定将该师扩编为国民革命军第十二军，贺龙任军长。

② 1927 年 9 月初，贺龙由谭平山、周逸群介绍，由周恩来主持贺龙的入党宣誓仪式。

等四人。

贺龙叶挺在南昌接到此项命令，立刻就来了一个兵变，作为答复，此种断然处置，使左派领袖大吃一惊。

八月一日白天，南昌新政权即已成立，因当时朱培德之旧部已被完全解决，蔡廷楷（锴）亦表示"这我早就要干"，故南昌事实上已成为共产党之天下。

新政权之名义为革命委员会，革命委员会之组织以主席团为最高执行机关，主席团共七人，为贺龙，谭平山，恽代英，郭沫若，宋庆龄，张发奎，邓演达，但其后张发奎之名被除去。

主席团之下有如下各机关：

参谋团主任刘伯承，参谋周恩来，贺龙，叶挺，蔡廷楷（锴）。

党务委员会主席张曙时。

宣传委员会主席郭沫若。（恽代英代）

总政治部主任郭沫若。

财政委员会主席林祖涵。

农工委员会主席张国焘。

秘书处秘书长吴玉章。

政治保卫处处长李立三。

此外，附属机关有一江西省政府，主席为姜济寰。

革命委员会下之参谋团，实际亦为一军事委员会，一切军事计划均由参谋团主持，参谋团之实际负责人为刘伯承与周恩来。

军队方面，当时仍沿用第二方面军名义，本来仍推张发奎为总指挥，另推黄琪翔为前敌总指挥，但张黄都不来，乃推贺龙任第二方面军总指挥，另推叶挺为前敌总指挥。当时军队番号及将领之姓名如下：

第二十军　军长贺龙 党代表廖乾吾

第一师　师长贺锦斋　党代表不详①

第二师　师长秦光远　党代表陈恭

第三师　师长周逸群　党代表徐特立

第十一军　军长叶挺　党代表聂荣臻

第十师　师长蔡廷楷（锴）党代表不详②

第二十四师　师长顾某③　党代表陈某④

第二十五师　师长周士第　党代表李硕勋

第九军军长朱德党代表不详⑤

朱德之第九军根本不成一军，只有二连，但朱德作战极勇敢，第九军人虽少而声誉极佳。

蔡廷楷（锴）之参加南昌事变，并非本心，乃系实逼处此，故于事变后不久，即率所部去闽。

贺龙叶挺在南昌发动建立新政权以后，当时计划，预备倾全力取广州，以广州为根据地，再向全国发展，故八一事变后，即以五日晨，会师经赣东向广东进发。从南昌直到瑞金，一千三四百里的长途中，如入无人之境，直到瑞金县属之壬田市，始与钱大钧部遭遇，一战而捷，再战而占领瑞金。时钱大钧在会昌反攻，又被贺叶军打得片甲不留，此三次战争，贺叶军获得战利品甚多，故当时刘伯承有另编一军之议。

钱大钧全军覆没后，贺叶乃长驱入闽，在汀州上杭小驻，收缩蓝玉廷等保卫团，当时计划，拟编四军，即第一军贺龙，第二

---

① 党代表方维夏。

② 党代表顾炎。

③ 师长叶挺（兼），南下途中会昌战斗后，改由古勋铭任师长。

④ 党代表陈兴霖。

⑤ 第九军军长韦杵，滇军的一名师长，当时并未在南昌。朱德为副军长，由他主持工作。

军叶挺，第三军朱德，第四军刘伯承。朱部系以原有部队及钱大钧部俘虏编成，另由叶挺抽一团辅助，刘部则以在闽西收编之杂色部队编成，另由贺部派两团辅助。

贺叶军自入汀州上杭，闽西闽北之杂色部队，纷纷来投，张贞逃往厦门，不敢回漳州，此时机会甚佳，贺叶如趁势取福建，全省唾手可得，故当时贺龙之俄顾问阿讬里斯夫斯基，主张暂以汀杭为根据地，就地训练农军，待半年八个月以后，再相机进行。但革命委员会首脑部反对此主张，叶挺尤主非立刻入粤不可，同时亦有一部份人同情俄顾问主张，故内部意见甚为分岐（歧）。后俄顾问以为如决定入粤，则应由蕉岭入梅县，以梅县为根据（地），经营东江，徐图广州，但贺叶主张直入潮汕，经海陆丰急取广州，彭湃因海陆丰农民能为己用，故亦力主此说，于是贺叶军乃决定由大埔入潮汕。

贺叶军入粤，仅在三河坝，瑠瑝，韩江上游一带，与黄旭初部（步）接触，即唾手而得潮州汕头，声威大震。此时连基本部队与收编部队，兵力已超出六万，乃以周逸群之第三师卫戍潮汕，周士第之二十五师警戒三河坝（因当时梅县丰润方面都还有国军，不能不防）。更由朱德统率第九军及新编部队，驻潮汕路沿线警戒，贺龙叶挺则亲统第一第二及第二十四三师，出发揭阳，一战而克，复北进丰润，讵意汤坑一战，竟完全失败，败军逃至流沙，全部击溃，而周逸群在潮州，周士第在三河坝，亦同时被围，同时解决。此称雄一时之六万军队，乃于四天之内，完全消灭。

贺叶所以失败如此其速，实由于轻敌所致，当潮汕克复以后，志高气满，满以为取广州不费吹灰之力，不知国军之不守潮汕，乃系诱敌之计，正企图对彼等取大包围之势，而贺叶竟中其计，复将兵力分散，计三河坝一师，潮汕一师，铁路沿线亦近一师，在前方仅有三师，兵力既散，又失联络，——自三河坝至扬（揭）阳前方，有六七百里之遥——当然难免失败。倘当时听从俄顾问之计划，补充休养后，再图进取，决不会失败得如此其速。

　　贺龙自南征失败后，即偕周恩来谭平山林祖涵等避往香港，在港口几为海关巡查员扣留，幸以贿赂得免。在港殊觉无聊，乃又潜回上海①，复至湘西活动②。湘西本为其老家，湖南当局虽已下令缉拿，但并无用处，贺龙终于又在湘西建立起基本队伍，任红军第一军区总司令③，专在湘鄂川边一带游击，牵制中央军队。民国廿三年间，徐向前在川北立定基础后，贺龙企图前往与之会合，乃由湘鄂边境偷渡三峡入川。三峡为长江最险区域，贺龙竟能平安偷渡，技术实不能不谓为非常高超。但入川队伍。遭刘湘截击，终于未能和徐向前取得联络，被迫在川南黔北湘西一带徘徊。适其时红军在江西之中央苏区，在国军"稳扎稳打""碉堡政策"之第五次围剿下，地盘愈缩愈小，亦预备往西北谋发展，乃先命萧克前往探路，萧克与贺龙两部，虽经国军多方阻挠拦截，终于得在川黔一带会合④。廿三年十月，红军放弃瑞金，主力西移后，贺龙与萧克又折回湘西，牵制何键拦截中央红军之部队，直至中央红军由湖南而广西而贵州而云南而西康四川，贺叶同时亦在川黔一带游击，最后始与中央红军及徐向前部队会合于

---

① 1927年11月上旬，贺龙按照中共中央的指示，由香港到达上海。

② 1928年2月20日，贺龙与周逸群、贺锦斋等10余人，由湖北石首前往湘西。

③ 1928年6月底，贺龙所部发展到1500余人，中共湖南省委也派了一批干部到贺龙部队，并成立了中共湘西前敌委员会，贺龙任书记，统一领导辖区内红军和地方党政工作。8月1日，在纪念南昌起义一周年时，贺龙部队改称中国工农革命军第四军，贺龙任军长。

④ 1934年10月24日，贺龙部在贵州东部之沿河县境内与任弼时、萧克、王震率领的红六军团主力会师。

会宁，静宁，海原一带，造成大团圆。若以时间言，从八一南昌事变起至今，贺龙在红军中奋斗之历史，已整整十年矣。

编后语：贺龙（1896—1969），无产阶级革命家、军事家，中国人民解放军的缔造者之一。南昌起义失败后，奉命返回家乡，与周逸群、段德昌等在湘鄂西建立革命武装和开辟革命根据地，历任中共湘西前敌委员会书记，红四军军长，湘鄂西前敌委员会书记，红二军团总指挥。1934年在贵州东部与任弼时等领导的红六军团会师后，开辟了湘鄂川黔革命根据地，任红二、六军团总指挥。1935年参加长征，任红二方面军总指挥。抗日战争时期历任八路军一二〇师师长，冀中军政委员会书记，晋绥军区司令员，陕甘宁晋绥五省联防军司令员。解放战争时期，历任西北军区司令员，西北军政大学校长，西安市军事管制委员会主任，中共中央西北局第二书记。新中国成立后，历任中央人民政府委员、西南军政委员会副主席、西南军区司令员、中共中央西南局第三书记、国防委员会副主席、中共中央军事委员会副主席、中央军委国防工业委员会主任、国务院副总理兼国家体育运动委员会主任。在1945年、1956年召开的中共七大和八大上均当选为中央委员，在中共八届一中全会上当选为中央政治局委员。1955年授中华人民共和国元帅军衔。他战功卓著，为人正直坦荡，对党忠贞不贰。在"文化大革命"中惨遭迫害，1969年6月9日含冤去世。1982年10月16日，中共中央发出《关于为贺龙同志彻底平反的决定》，终于为他彻底平反，恢复了名誉。

中苏副主席——项英

项英，湖北黄陂人[①]，自幼即丧父，家境甚为贫困，与其母及妹三人，度其人世间极悲惨恶劣之生活。母赖十指为他人缝补衣服，项则与其妹终日上山打柴打草，即以此极微细之收入，养活一家三口。

项英于十五岁时，由亲戚之介绍与担保，入某典当为学徒，数年后，复擢升为小职员[②]，且以努力自修之故，识字颇多。项自以出身贫困，故对贫困之人，非常同情，但在典当中任职，日惟帮助高利贷剥削穷人，此种矛盾生活，使其对于本身职业，感

---

① 项英，原名项德隆，祖籍湖北省武昌县舒安乡项家塆，1898 年 5 月生于武昌粮道街 24 号（现 273 号）。

② 项英 15 岁时，因家里穷，不能升学，进入武昌模范大工厂纺织科当学徒。出师后为该厂一名熟练的纺织工人。

党深刻之痛苦，思想由对富人之不平，逐渐变成过激，终于加入共产党。①

项英加入共党时期颇早，约在"二七"京汉路罢工以后，即已加入。加入后，因专门做共党工作之故，乃放弃职业，离开乡井。项英貌虽不扬，然却具有煽动天才，能深入社会底层，在共产党中，以工作能力顽强著称。

民国十三年至十四年间，项英在上海总工会下，任各区组织员②。十五年，被派往汉口，任湖北总工会党团书记兼共党湖北省委，当时向忠发任总工会委员长，一切策划，均出自项英之手③，故有向忠发的灵魂之称。十六年秋回沪，任上海总工会党团书记兼全国总工会执行委员，自此以后，项即成为共党工会正统派巨子，同时亦为李立三之心腹。入苏区后④，任中央政治

---

① 1922 年 4 月，经包惠僧、李书渠介绍，项英加入中国共产党。

② 1923 年 6 月，中国共产党第三次全国代表大会在广州召开，项英出席这次会议并当选为中央委员，会后秘密潜回武汉，任中共武汉区委劳动委员会委员，专门领导武汉工人运动。1924 年 5 月，湖北军阀萧耀南派军警逮捕了武汉工运领袖许白昊、刘伯垂、杨德甫等七人，并通缉项英、林育南、李汉俊、李书渠等。于是，党调项英去上海，8 月，任沪西工友俱乐部主任。

③ 1926 年 5 月 1 日至 21 日，第三次全国劳动大会在广州召开，项英当选为中华全国总工会执行委员。9 月，在北伐军攻克武昌前夕，项英奉党之命重返武汉。9 月 17 日，中华全国总工会汉口办事处建立，办事处主任为李立三，秘书长为刘少奇，项英任宣传部长。1927 年 1 月 1 日，湖北全省总工会在汉口召开第一次代表大会，选举李立三、向忠发、刘少奇、林育南、项英等 35 人为省总工会执行委员，向忠发任委员长，项英任组织主任。

④ 1930 年 12 月底，项英肩负组建苏区中央局的重任，由上海经福建进入江西中央苏区，任苏区中央局代理书记（书记为周恩来）兼军委主席，主持中央局的工作。

局委员①, 中华苏维埃共和国副主席等职, 为毛泽东有力之臂助。

民国念三年十月, 红军被迫放弃江西, 开始长征, 项英与叶剑英②等均奉命留守苏区, 未曾同往, 其后复被任为七省边区游击队总司令, 率领红军第念二军陈毅所部, 在安徽江西边境一带游击, 并指挥各省边区游击队作战。

"八一三"抗战起后, 项英所部即经政府收编, 改为第四路军, 以项英为总指挥③, 现已率部开抵广德, 在浙皖边境一带, 与日军作游击战多次, 屡获胜利, 日军之所以不敢深入浙皖境内, 即因受项英游击队之牵制故也。最近并闻项英所统之四路军, 在上饶婺源祁门一带, 募足十万人, 编成六师, 向常山淳安开化一带挺进, 先头部队已抵于潜昌化, 将与张发奎部会合, 向余杭孝丰反攻, 并与苏浙一带之正规军及游击队均已取得联络云。

编后语: 项英 (1898—1941), 中国共产党早期领导人和中国工人运动的先驱者之一, 在中共三大至六大上均当选为中央委员, 在六届一中全会上被选为中央政治局委员、常委。1930年8月任中共中央长江局书记, 同年12月进入中央苏区, 历任

---

① 项英在1928年6月18日至7月11日于莫斯科召开的中共六大上当选为中共中央委员, 在7月19日召开的六届一中全会上当选为中央政治局委员和常务委员。

② 应为陈毅。

③ 1937年10月12日, 国民政府军事委员会宣布将南方八省的红军游击队改编为新四军, 叶挺任新四军军长, 项英为政委兼副军长。

苏区中央局代理书记，中华苏维埃共和国临时中央政府副主席等
职。1934 年 10 月红一方面军主力长征后，任中共中央江西分局
书记、中央革命军事委员会江西分会主席、中央军区司令员兼政
治委员，在赣粤边坚持斗争，并负责领导南方各区的游击战争。
抗日战争时期，任中共中央东南局书记，新四军政委兼副军长。
他一生对中国革命的贡献很大，但在新四军工作期间，尤其是在
皖南事变中，也有比较严重的错误。皖南事变突围后，1941 年 3
月 14 日凌晨，项英被叛徒刘厚总杀害。

独眼将军——刘伯承

刘伯承，四川人①，行伍出身，为川中宿将。其出名不在到红军以后，西南一带，对于"刘瞎子"的威风，几于无人不知。

刘之经历，非一般纯盗虚声者可比，确曾身经百战，周身均充满枪弹刺刀伤痕，使其血液在每次战斗中逐渐流干；因血液流干之故，非常畏冷，虽在六月炎天中，亦常战栗无人色，且在战场上被枪弹将一只眼球打穿，故只保留一独眼。后中共派其往苏联就医，刘在苏联一著名之红色医院中，注射了不少次数的人造血，始恢复其健康，同时复换镶了一副假眼，现在

---

① 刘伯承原名刘明昭，1892 年 12 月 4 日生于四川省开县赵家场乡张家坝一个世代务农的家庭。

外表看来虽似仍萎靡不振，然精神则甚佳。刘自苏联回国后，即终日御一黑色眼镜，常年不更换，意盖以之掩蔽其"独眼将军"之庐山真面也。

刘伯承在过去军队中，曾数任军职，大革命时代——民国十五年十一月间，任国民革命军二十军（军长杨森）之党代表。时刘已加入共产党①，刘既熟谙军事，身为党代表，斯时党权高于一切，而刘复为一双料党人，使以常人处此，未有不气焰万丈，有不可一世之概者，然刘却颇少目空一切盛气凌人之态度，实属难能可贵。刘对工作甚为努力，除负责二十军党务外，复兼中共湖北省委特派员，进行建立鄂西基础，在其指导下，成立鄂西特委，当时虽只有宜昌，秭归，巴东，安远，保康等数县，然刘在此方面之工作，为时只两阅月，开天辟地，实亦颇为不易。十六年八月一日，贺龙与叶挺军往南昌暴动，刘亦参加在内，任革命委员会参谋团主任，而周恩来为之副，当时之参谋团，实际亦为一军事委员会，一切军事计划，均由参谋团主持。贺叶军南征失败后，刘伯承即往苏联莫斯科军事学校留学②。

在苏联留学期内，刘伯承无论对于军事技术与政治问题，均颇认真学习，尤其对于俄文，特下苦工，焚膏继晷，手不释卷。留俄数年，俄文俄语及各项学识均颇有进步，而军事学识之高超，即赤军统帅伏罗希洛夫与苏联远东区红军总司令加伦将军，亦为之佩服不已。

刘伯承从苏联回国后，因当时共党正在"立三路线"之下，

---

① 1926 年 5 月，经杨闇公、吴玉章介绍，刘伯承加入中国共产党。入党后，他负责四川党内的军事工作。1926 年 12 月 1 日，他和杨闇公、朱德一起，领导了泸州、顺庆起义，被武汉国民政府委任为暂编十五军军长。

② 1927 年 11 月，刘伯承、吴玉章等 30 余人入莫斯科中山大学学习。1928 年下半年，他被调到苏联当时最高军事学府伏龙芝军事学院学习。

故颇觉郁郁不得志，幸周恩来对之颇为推重，派其在中央革命军事委员会参谋本部任事①。刘对本身职务甚为努力，公余之暇，即着手翻译苏联各种军事专著，其中有一册红军野战令，费时一年余，方始全部翻译完成②。

在"立三路线"之下，刘伯承虽颇不得志，然其在中共中，确具有相当威望。当时在江西苏区之朱德毛泽东，在鄂豫皖苏区之徐向前，在湘鄂西苏区之贺龙等红军军事首要，几不约而同，每隔数日，必有函电向中共中央要求派刘往苏区工作。刘得此亦颇足自慰，遂亦趁机向中共中央要求调赴苏区工作。民国二十年，中共中央举行四中全会，在这一全会中，中共组织上有重大之变更，李立三被推翻，中央革命军事委员会之组织与范围均行缩至极小限度，刘伯承亦得准许调往江西中央苏区，在彭杨军政学校训练学兵。两个月后，成效大著，朱德毛泽东彭德怀等，莫不佩服。不久，中苏共和国临时中央政府所属之革命军事委员会改组，刘以中央政治分局之推荐，任军事委员会常委兼工农红军总司令部总参谋长③。

民国念一年冬，徐向前旷继勋入川，刘伯承亦被调赴川，指导军事。刘在四川之潜势力与"人望"，远超旷徐二人之上，即以在党内的资格而言，亦以其为巨擘，故在中苏二次代表大会中，被委为西北军事委员会主席④，徐向前旷继勋等，均出其下，

---

① 1930 年 7 月，刘伯承离苏回国，8 月抵达上海，任中共中央军委参谋长。

② 刘伯承的军事译作主要有《苏军步兵战斗条例》《苏军政治工作条例》《游击队怎样动作》等。

③ 1932 年 10 月 13 日，刘伯承调任红军总参谋长，协助总司令朱德、总政委周恩来指挥作战。

④ 刘伯承一直在中央苏区工作，被调赴川不实，在 1934 年 1 月 22 日至 2 月 1 日召开的第二次全国苏维埃代表大会上，刘伯承当选为中央执行委员。

旋又奉调回江西。

念三年十月，红军开始长征，每战刘必身先士卒。当时有一著名战役"大渡河之突围"。即为刘打先锋。行军时飞机炸弹尚光顾其一次，幸不甚厉害。刘身受百创，而犹未危及生命，洵可谓近代福将矣！殆亦天之降大任于斯人，俾其为抗日救国之用也。

编后语：刘伯承（1892—1986），无产阶级革命家、军事家，中国人民解放军的缔造者之一。红军长征期间任总参谋长兼中央纵队司令，指挥先遣部队强渡乌江、智取遵义，参加了遵义会议，支持毛泽东的正确主张。抗日战争时期，任八路军一二九师师长，创建了晋冀鲁豫抗日模范根据地。解放战争时期，历任晋冀鲁豫军区、中原军区、第二野战军司令。1949年12月任西南军政委员会主席。新中国成立后，1950年领导组建人民解放军军事学院，任院长兼政委。1954年起任中央人民政府人民革命军事委员会副主席，国防委员会副主任，军委训练总监部部长。1955年授中华人民共和国元帅军衔。在中共七大至十一大均当选为中央委员，任第八届至第十一届中共中央政治局委员。任第二届至第五届全国人大常委会副委员长。1966年1月起任中共中央军委副主席。1982年后因年龄和健康原因辞去党政军领导职务。1986年10月7日在北京病逝。刘伯承一生大智大勇，功高不居功，对中国人民的解放事业以及新中国军队建设作出了卓越贡献。

雄踞川北的——徐向前

　　徐向前，山西五台人①，现年只三十岁左右，与彭德怀、萧克等，同为共党后起人物，但却为首先与旷继勋由鄂豫边境经陕南而入四川奠定共党在西北基础之第一功臣。曾以三四千部队，雄踞川北，使刘湘田颂尧邓锡侯刘存厚等数十万之众的五路大军，束手无策。后来贺龙之偷渡长江，萧克之探路，朱德毛泽东领导下之红军主力由江西突围长征，目的无一不在求与徐向前之部队会合，故若数徐向前在红军中之功勋，实不在禹下。

　　关于徐向前入川之经过，及其后来与朱毛萧贺之会合，颇有一纪之价值，度亦为读者所乐闻，兹撮要述之如下：

　　民国念一年间，鄂豫皖苏区首府所在地金家寨，为国军所攻

---

①　徐向前 1901 年 11 月 8 日生于山西省五台县永安村。

破，徐向前旷继勋所领导之红军第四方面军，颇有蹙蹙靡骋之感，后从旷继勋陈昌浩之议，决定入川，先从老河口（在鄂豫陕边境）转战而入陕南，当时中央军胡宗南刘茂恩二师在后尾追甚急，无法在陕南立足，于是乃循终南山脉，经南郑直下四川。此路线即古褒斜道，非常险峻难行，但艰苦卓绝之徐向前部队，却终于通过此有名之天险。

徐向前部队既辗转入川，川北属于田颂尧防区，当时川省正在内战，刘湘刘文辉叔侄交兵甚烈，田颂尧双目眈眈，伺隙而动，满拟鹬蚌相争，坐收渔翁之利。不意渔翁之利未收，塞翁之马先失，川北南江通江巴中三县，于数日之间，完全落入徐向前之手。徐向前连得三县，休养生息，声势逐渐趋浩大。此时在其旁本尚有一重大危机，即中央军胡宗南师已赶抵万源，距其所占领之区域，只有一日途程，幸田颂尧抱门户之见，深恐中央军来夺彼地盘，通电力争，强谓以彼之部队，对付徐向前已有余，于是胡宗南师乃不得不退出万源。实则田颂尧之部队，何尝在徐向前眼中，胡宗南师既去，川省又在内战，正为徐向前下手之绝好机会，遂西入昭化阆中，南下仪陇营山，各路均势如破竹，如入无人之境。

徐向前在川北之势力既大，乃又谋东袭宣绥。宣绥为刘存厚防区，或有劝刘存厚稍加防备者，刘笑曰："从来土匪只抢富庶之区，今城万开绥皆著名瘠地，匪何须争此，但杨子惠（杨森）处三江下流，乃危险耳。"盖误以红军为寻常土匪之流矣。故绥定虽邻接苏区，亦弛不设防。徐向前本不知刘存厚之实力如何，其初仅以小部队游击，不意接触之下，刘部皆弃枪而逃，始易之以正式进攻。当红军到达绥定之时，刘存厚尚懵然未觉，正在督署（刘仍自称川陕边防督办）宴客，鼓乐喧天，忽得报徐向前已经入城，乃仓皇出南关逃命，非但军械库尽为徐向前所有，即刘之私财数百万亦分文未携也。因刘存厚之急于南逃，徐向前乃长驱而西，城口万源各地，于三日内完全为徐向前占领。

徐向前以极少之部队，在极短之时期内，获得如此巨大之胜利，此固由于红军之骁勇善战，但川省内政之腐败，军阀之剥削，亦未始非造成有利于徐向前之机会。据传川北各县，田颂尧之防区内，每年预征地租，自三四次至七八次不等，在徐向前未到达前，已预征至民国七十年。贫瘠小县，焉能胜此每年百万元以上之负担，自无怪人民之欢迎红军前来解放彼等之痛苦，如大旱之望云霓矣。

川北各县，既多半控制于徐向前势力之下，刘湘始感到势大难制，适其时与刘文辉之政争亦已告一段落，成都既取，刘文辉亦已被逼往川康边境，于是乃回师北指，以川省各军编成五路，用数十万大军来向徐向前作战。然以川省久行防区制度，军阀各自为谋，不肯守望相助，故虽调动数十万之众，仍无奈徐向前何，只得改攻为守。而徐向前乃得从容休养生息，综计徐在川北，与四川军阀对峙者，足有三年之久。

直至民国念三年十月，在江西中央苏区之红军，遭国军之包围，封锁，压迫，防地愈缩愈小，不得已突围西上，求与徐向前部队会合。徐向前为接应起见，乃亦离开川北，由川西南下。嘉陵江素称难渡，幸嘉陵江阵地，自苍溪以迄南充，适由田颂尧负责布防。阆中为田部第三纵队刘汉雄及二十二路指挥何德隅之所在地，此二部最为无用，一经与徐向前接触，即全线崩溃，甚至连后方之收容阵地，亦不能保。徐向前既渡过嘉陵江，梓潼一带，又成为田颂尧部之溃兵区域，在田颂尧防区后面之邓锡侯部，只得退守涪江，徐向前乃乘胜一鼓西下，以疾雷迅风之势，突破江油中坝之线，占领彰明，一时成都大为震动，人心恐慌，居民纷纷避难。幸徐向前之目的，在接应红军长征部队，故并不取成都，反由西北入番地。在此蛮荒千里四无人烟所在，又遭中央军之种种拦截，苦战许久，结果终得与朱毛所部红军，会合于四川冕宁境内。

徐向前自与朱毛所部红军合流后，继续北进，念四年七月，占领理番附近。八月中旬，毛泽东朱德徐向前等，在理番北方毛儿盖地方，召开首脑部会议，协议红军以后行动，会议结果，决定将红军分成两部，一部由毛泽东率领，向甘肃陕西方面北进，一部由朱德徐向前率领，固守四川境内，培养该方面红军之实力。

直至念四年年底，朱德徐向前所部红军，方开始南下，策动进出于四川西部以至川南之西昌边界，在此又受中央军之阻止，而入西康省，以等待从云南北上的贺龙萧克所部红军之到来。时贺龙萧克所部红军第二方面军，已通过贵阳附近，西进而入云南，但在此遇中央军拦截，故又折而东向，后又南至贵州云南省境，念五年四月初旬，通过昆明附近各县后，入西康省，到达定乡南方，至此乃得达其与徐向前会师之目的。

现在徐向前已率部在晋北前线与日寇作战，山西为其故乡，五台又已沦为战区，故徐向前之抗日，固卫国而又保家也。

编后语：徐向前（1901—1990），无产阶级革命家、军事家，鄂豫皖革命根据地和红军的创始人之一。1924年考入黄埔军校第一期，1927年加入中国共产党。1932年10月，红四方面军主力西征，撤出鄂豫皖苏区，开辟了川陕革命根据地。1935年6月，红一、四方面军会师后，被任命为红军前敌总指挥部总指挥。抗日战争爆发后，1937年8月任八路军一二九师副师长。1938年4月，率一二九师和一一五师各一部开赴敌后，创建了冀南抗日根据地。解放战争时期，先后任晋冀鲁豫军区副司令员、华北军区副司令员兼第一兵团司令员、政委等。新中国成立后，任中国人民解放军总参谋长。1954年起，任中央人民政府人民革命军事委员会副主席、国防委员会副主席。1955年被授予中华人民共和国元帅军衔。1965年起，任第三、第四届全国人大常委会副委员长。1966年至1987年任中共中央军委副主席。1978年至1980年任国务院副总理兼国防部部长。1983年至1988年任中华人民共和国中央军委副主席。在中共七大至十二大上均当选为中央委员，在中共八届十一中全会，第十一届、第十二届一中全会上当选为中央政治局委员。1990年9月21日，在北京因病逝世。他一生功勋卓著、坦荡无私、顾全大局、谦虚谨慎、廉洁奉公、风范永存。

中共总书记——秦邦宪

　　秦邦宪，笔名博古，江苏常熟人（一说为无锡人）[1]，苏州工专出身[2]，一翩翩年少风流英明之浊世佳公子也。加入共党后[3]，因其故乡亲友众多，恐累及彼等，乃隐其真姓名，而以博古名于世焉。

　　民国十六年，秦邦宪即已加入共党，在上海共产主义青年团中工作，即于此时识其爱人刘群先。刘亦为共产主义青年团员之一，系申新纱厂女工出身，容貌甚美，两人因工作之故，时相接近，不久即发生热爱，宣告同居。

---

[1]　秦邦宪，字则民，笔名博古，1907 年 6 月 24 日生于浙江省杭州市。
[2]　1921 年夏高小毕业后考入江苏省立第二工业专门学校纺织科。
[3]　1925 年 10 月，秦邦宪加入中国共产党。

十七年，共党中央选派党员赴俄留学，秦邦宪即偕其爱人刘群先联翩出国，赴俄入莫斯科中山大学读书①。时秦年事甚青，尚带有天真烂漫之小孩气味，对人甚谦恭有礼，但已能俄语及英语，且生成煽动天才与活动能力，常出席学校中之演讲会，为留俄派中之干部，与陈绍禹张闻天沈泽民同为中山大学校长米夫所赏识，借米夫与陈绍禹之助，夺取"中国旅莫共产主义青年团特别支部"之领导权，击败一向在旅莫少共群众中有历史与权威之高承烈，西门仲华，王新痕等一派，而任旅莫少共支部书记。此支部书记之权威颇大，故秦此后之发展，实以此为起点。

第三国际为推翻立三路线，于民国十八年，命陈绍禹等二十八个布尔塞维克回国，秦邦宪与其爱人刘群先均在其内。秦回国后，即任共产主义青年团中央委员兼江苏省委组织部部长。时陈绍禹打击立三路线之运动业已开始，但立三声势方盛，陈非立三之敌，致反被立三打倒，受留党察看六个月之处分。秦此时明持旁观态度，暗中则为陈声援，当米夫奉派为国际代表，来华召开四中全会时，在秦领导下之国际路线拥护者秘密小组，业已组织完成，故在反立三路线之争斗中，秦邦宪之功，实不在陈韶（绍）禹之下。

立三路线既被推翻，陈绍禹以中央政治局常委兼中央组织部长资格，起而执权，秦邦宪亦兼任为共产主义青年团中央总书记，此时秦在共党中政治上之威权，已渐扩大。及二十年六月，共党中共总书记向忠发被捕殒命，由陈韶（绍）禹升任中央总书记，②秦对之拥护甚力。惟共党中央总机关自念一年秋迁往江西瑞金苏区后，中央总书记之威权，渐形低落，陈绍禹乃自请辞职赴俄，任中央驻莫斯科代表团主席。念三年一月，中共中央在瑞

---

① 秦邦宪是 1926 年 11 月到达莫斯科中山大学的。
② 参见本书第 166 页注 ①。

金苏区召开第五次全体会议，决议将中央机关加以改组，以中央书记处为共党最高领导机关，并选出书记九人①，计秦邦宪，陈绍禹，张闻天，杨尚坤（昆）。周恩来，项英，王稼蔷（祥），刘少奇，而以秦邦宪为中央总书记。于是此年龄未满三十之英俊青年秦邦宪，乃成为共党中之最高领袖矣。

编后语：秦邦宪（1907—1946），民主革命时期中国共产党的主要领导人之一，著名英烈。1931年4月任中国共产主义青年团中央书记，在中共六届五中全会上被选为中共中央总书记，成为中共历史上第三次"左"倾冒险主义的主要代表之一。1935年1月遵义会议以后，任中国工农红军野战政治部主任。1936年12月，陪同周恩来去西安，作为中共中央代表参加和平解决西安事变的谈判。1937年任中共中央组织部部长。抗日战争全面爆发后，先后任中共驻南京代表、中共中央长江局、南方局委员兼组织部长。1941年任新华通讯社社长兼延安《解放日报》社社长。1945年在党的七大上当选为中央委员。1946年2月赴重庆参加同国民党的谈判。4月8日由重庆返回延安途中，因恶劣天气的影响，飞机不幸于山西兴县东南的黑茶山触山遇难，与王若飞、邓发等不幸牺牲。毛泽东于4月20日为四·八烈士题词："为人民而死虽死犹荣"。

---

① 1934年1月15日至18日于江西召开的六届五中全会后的中央领导机构：中共中央总书记为秦邦宪，中共中央书记处书记为秦邦宪、张闻天、周恩来、项英。

中央宣传部长——张闻天

　　张闻天，笔名洛浦，浙江杭州人[1]，为久已成名之新文学家。当新文学运动在国内初发轫时，张即为文学研究会巨子，与瞿秋白沈雁冰沈泽民三人缔文字之交，复由瞿沈介绍，加入共党[2]，一时有共党四大文学家之称。其作品散见于国内各大杂志，尤以文学研究会机关志小说月报为最多，时瞿秋白沈雁冰沈泽民同为文学研究会之台柱，但均述而不作，秋白泽民专门翻译俄国小说，雁冰则专门翻译弱小民族小说，独张闻天弃翻译而事创作，民国十三年出版之小说月报十五卷内，连载有张所著长篇创作小

---

① 　张闻天 1900 年 8 月 30 日生于江苏省南汇县六团乡张家宅（今上海市川沙县）。

② 　1925 年夏，张闻天经沈泽民、董亦湘介绍加入中国共产党。

说"旅途"一种；其描写较王统照之"一叶"尤为细腻，后复收入文学研究会丛书中，另出单行本，今此书或已绝版，然商务图书目录中，仍载有张闻天著"旅途"书名也。

张与瞿秋白既同为文学研究会份子，故交情甚密，后瞿秋白舍文学就政治，八七会议以后，陈独秀被推翻，瞿起而执共党中央总书记大权[1]，为党内最有力之领袖；时第三国际正在莫斯科成立中山大学，张遂向瞿要求赴俄，瞿对于党中大事，均有决定之权，遑论此区区小事，故一经张之要求，即允其赴俄入中山大学肄业矣。

张闻天入中山大学后不久[2]，中山大学校长拉狄克，即因与托洛茨基反干部派有关，被斯大林罢免，校长一职，改由斯大林之亲信人物米夫继任，米夫即后奉第三国际之命，为国际代表，来华整理中共者也。当国际路线未发出，立三路线正盛行一时之日，中山大学内部，教务长亚柯与校内支部书记西美尼可夫争执甚烈，张闻天与沈泽民吴锺李俊之卜世畸等，同为中国学生中之属于党务派者，然争执结果，两派均未获胜，由校长米夫与陈绍禹等出而组织第三派，将此两派均行击倒，教务派之董亦湘、顾谷宜等，仍与米夫一派顽抗不已，惟在张领导下之党务派，则表示与米夫等站在一起，成立以陈绍禹为首之二十八个干部的小组织，即有名之二十八个布尔塞维克是也。

民国十八年，第三国际为纠正立三路线之错误，命陈绍禹等

---

① 八七会议选出中共中央临时政治局。苏兆征、向忠发、瞿秋白、罗亦农、顾顺章、王荷波、李维汉、彭湃、任弼时被选为委员；邓中夏、周恩来、毛泽东、彭公达、张太雷、张国焘、李立三被选为候补委员。8月9日，中央临时政治局第一次会议选举瞿秋白、李维汉、苏兆征为常务委员会委员。

② 1925年11月下旬，张闻天到达莫斯科孙逸仙中国劳动者大学（通称"中山大学"）学习。

二十八个布尔塞维克全体回国，张闻天亦在其列①。迨二十年一月十三日，中共在国际代表米夫指导之下，召开四次中央全体会议，将立三路线完全推翻，并取消李立三瞿秋白李维汉贺昌等之中央委员资格，张闻天即与陈绍禹沈泽民等同被补为中央委员及中央政治局委员，张并兼任中央农民部长②。是年六月念二日，中共中央总书记向忠发被捕殒命，由陈绍禹升任，中央组织略有更动，张闻天被调为中央组织部长③。念二年冬，陈铭枢李济琛（深）等在福建成立人民政府，与中共成立协定，张曾被聘为人民政府之高等顾问。念三年一月，中共中央在江西瑞金召开第五次全体会议，决议改组中央，以中央书记处为党之最高领导机关，张闻天当选为九书记之一④，并兼中央宣传部长及人民委员会委员长，直至现在。

编后语：张闻天（1900—1976），忠诚的马克思主义者，杰出的无产阶级革命家和理论家，民主革命时期党的主要领导人之一。1934年10月参加长征，在1935年1月召开的遵义会议上，被选为中共中央政治局常委。2月5日，常委讨论分工，决

---

① 1931年1月，张闻天与杨尚昆一起回国，于2月17日到达上海。
② 1931年4月，沈泽民被派往鄂豫皖革命根据地工作，张闻天接替沈泽民任中共中央宣传部部长，6月任中共临时中央政治局常委，兼宣传部、农民部部长，中央党报编辑委员会主任，后又兼妇女部长。
③ 此处不实。王明未担任过中央总书记，张闻天也未担任过中央组织部部长，组织部部长为康生。
④ 中共六届五中全会选出的中央领导机构是：中共中央总书记为秦邦宪，中共中央书记处书记为秦邦宪、张闻天、周恩来、项英。

定由张闻天代替博古担任中共中央书记，在党内"负总的责任"，坚决反对张国焘的右倾分裂主义错误。1938年后历任中央书记处书记兼宣传部部长、马列学院院长、中央研究院院长等职。在党的七大和七届一中全会上，继续当选为中共中央委员、中央政治局委员。解放战争时期先后历任中共合江省（现黑龙江省东部）委书记、中共中央东北局常委兼组织部长、东北财经委员会副主任、辽宁省委书记。1951年任中华人民共和国驻苏联大使。1955年回国，任外交部第一副部长，在1956年中共八大和八届一中全会上当选为中共中央委员、政治局候补委员。在1959年庐山会议上蒙冤。在"文革"中受到迫害，1976年7月1日在江苏无锡因病逝世。1978年12月党的十一届三中全会，纠正了庐山会议对彭德怀、张闻天所作的错误结论。1979年8月23日，中共中央在人民大会堂召开隆重追悼张闻天大会，为其彻底平反，恢复名誉。

红军总参谋长——叶剑英

　　叶剑英，为广东梅县雄洋堡人①，其父为一商人，母则为种田之农妇，家境尚称小康，故有余力供叶入梅县东山中学读书。叶将于东山中学毕业之前半年，忽违犯（反）校规，与师长发生冲突，结果被学校当局开除，乃愤而入云南讲武堂肄业②，预备将来在军队中谋一出路。

　　在讲武堂毕业以后，叶剑英即在粤军许崇智部张民达旅任参谋之职。张民达为当时著名勇将，绰号张铁胆，每战辄亲上火

---

① 叶剑英 1897 年 4 月 28 日生于广东省梅县雁洋堡。

② 1916 年春，叶剑英随父远涉重洋，到马来西亚谋生，适逢云南督军唐继尧派代表赴南洋宣慰华侨，并招收华侨子弟回云南讲武堂免费就学。1917 年夏，叶剑英回国，考入云南陆军讲武堂炮科学习，1920 年夏以优异的成绩毕业，追随孙中山，参加了粤军。

线，奋不顾身，叶自入张军中后，凭其机警及才干，处处得张信任。后张升师长，叶亦升为师长参谋长，张在前线作战时，后方调度，一切均赖于叶主持。不幸张民达在韩江覆船丧生，叶遂不得不暂时脱离军队生活。此民国十四五年间事也。

叶剑英既脱离军队生活，即弃武修文，历任中山县长及梅县县长等职。从来武人亲政事，未有不贻话柄者，独叶则克勤厥职，未稍殒越，斯足征其人之英俊有为矣。

民国十五年冬，北伐军到达江西，叶剑英任江西新编第二师师长。后新编第二师解散，叶复因与黄琪翔同乡之故，改任四军参谋长职。时四军正谋回粤，其中有奉军两师，为河南战役中在郑州归附者，军械绝佳，黄琪翔欲率之同归，而奉军自官长以至士兵，皆不愿意，因北人南行，最惧者为不服水土，乃有自由行动消息。黄闻之，急带卫队一营前往，剑英亦得讯，忽双方发生冲突，遂忽遽由南昌赶往九江，向黄力陈不可动武之理由，并要黄同往向奉军师长解释。奉军师长与黄同来，以为率部前来缴械也，乃大戒严，且放步哨，叶置之不理，留卫队不前。与黄昂然直入师部，以革命大义，直斥奉军师长。叶人既英俊，言词复得体，奉军师长慑其威，卒允与之偕同回粤焉。时人闻之，皆美叶之胆大包天，谓其入虎穴，得虎子，不啻关云长之单刀赴会也。

时第四军以教导团及警备团为主力，叶剑英以四军参谋长兼教导团团长之职，此时叶已加入共党[①]，警备团团长梁秉枢，亦系共党份子。教导团本为武汉总政治部邓演达领导之教导营及中央军事学校武汉分校学生混合编成，其中成分以政治工作人员为主，下级干部次之，十分之八九为共产党员，而武汉分校学生，

---

① 1927 年 7 月上旬，中共中央批准叶剑英为中国共产党正式党员。(中共中央组织部档案资料)

亦大半为共产党。张发奎亦知教导团为一团烈火，但因其战斗力强，为扩大自己势力起见，仍然收容。教导团自从九江随张发奎赴南昌，追贺叶南征军时，本拟即背张加入南征军，无如（奈）当时南征军已去赣东，无法追及，而张部监视亦严，只得随张由赣南到广州，但一路上，尤其是在赣州南雄韶关一带，教导团于行军或宿营时，终日高唱国际歌与少年先锋歌，并高呼"拥护革命委员会""南征军胜利万岁"等口号，事为张发奎所闻，在赣州时即拟解散之，但赣州逼近会昌瑞金，而会昌瑞金正为贺叶主力所在，张投鼠忌器，因此不敢断然处置。至韶关时，又拟加以解散，忽接汪精卫来电，谓不可解散该团，留之自有后用，张遵汪命，故未解散。

第四军回粤后，张发奎、黄琪翔即奉汪精卫之命，以护党为名，驱逐当时在粤执权之李济琛（深）、黄绍雄（竑）二氏势力。此时教导团即暗中积极布置暴动。十二月十一日夜十一时后①，教导团首先发难，枪声一响，全部官兵皆颈系红色标志，变为红军，随即围攻公安局，下之，得步枪千余，手机关枪数十架，实力陡增，又复攻下财政厅，省政府，政治分会，省党部等各重要机关，惟长堤之四军军部，则坚攻未下。十二日清晨，广州苏维埃政府正式宣告成立，首先指挥教导团发难之叶剑英，被任为工农红军副司令②，总司令③则南昌暴动之主角叶挺是也。然广州暴动至十三日晚④即告结束，红军既屡攻四军军部未下，而河南李福林之第五军，已在西壕口登陆，西关东山，固始终未入红军之手，石井兵工厂之驻军，又向省城应援，至下午，苏维埃代理委

---

①　应为凌晨三时半。
②　应为副总指挥。
③　应为总指挥。
④　应为十二日。

员长张太雷复被击毙，红军乃不得不退出广州，连夜投奔海陆丰去矣。

广州暴动失败后，叶剑英即避往香港，在铜锣湾地方，匿居两月有余，足不出户，最后始秘密前赴德国①，以求军事学识之深造。在德留年余，经济渐告竭蹶，幸私人感情颇佳，以前之亲友及旧属，慷慨解囊相助者甚多，以是得不虞匮乏。

民国十九年秋②，叶剑英由德归国，里门在望，为避免一切麻烦计，乃过门不入，径赴江西苏区③，在红军中任朱德之参谋长。二十年，红军第三军团总指挥黄公略在高兴圩④与十九路军大战阵亡时，叶正任第三军团参谋长，以机警得脱，回赤都瑞金，任中央军事委员，复以周恩来之推荐，任红军大学校长⑤。

念三年十月，红军开始长征，叶剑英⑥与项英同被留于赣南苏区，叶复奉朱毛之命，与学生军负防守筠门岭之责。后筠门不守，遂率部游击于闽粤边境，与余汉谋部李振球师颇多接触。念五年春，红军在西北立定基础后，叶始奉调赴陕北延安苏区。西安事变后，任共党驻西安办事处主任。当西安事变未发生前，叶曾应张学良之邀，秘密赴西安，在张学良寓所附近，与张研究东北军之改造问题，叶对于东北军之政训工作，曾提出种种意见，使张学良颇受影响。

"八一三"抗战发生，红军改编为第八路军，叶剑英即被任

---

① 1928年，叶剑英奉中共中央之命，从香港转赴上海，后去苏联，进入中国劳动者共产主义大学，编入特别班学习。
② 应为民国二十年初。
③ 1931年初，叶剑英从莫斯科秘密回到上海，转道香港，进入中央苏区。
④ 应为六渡坳。
⑤ 叶剑英任中国工农红军学校校长兼政治委员。
⑥ 应是陈毅，叶剑英参加了长征，任军委第一纵队司令员。

为八路军驻京办事处主任①。南京沦陷后，叶即赴汉。最近据英文大美晚报消息，谓叶已奉蒋委员长之命，赴广州，为新编第十九路军之总参谋长，现正协助陈铭枢、蔡廷楷（锴）二氏，布置两广防务，防备日军进犯。但据国民新闻社讯，则谓叶之使命，为从事训练广东自卫军，及组织华南之游击队云。

编后语：叶剑英（1897—1986），久经考验的共产主义忠诚战士，坚定的马克思主义者，伟大的无产阶级革命家、政治家、军事家，中国人民解放军的缔造者之一，中华人民共和国的开国元勋，长期担任党、国家和军队重要领导职务的卓越领导人。1938年底到武汉，任中共中央长江局委员。1941年2月到延安，任中共中央革命军事委员会参谋长。1946年初赴北京，任军事调处执行部中共代表。1947年2月返回延安，任中国人民解放军参谋长。1948年任华北军政大学校长兼政治委员。北平和平解放后，任北京市市长。1952年后，任中南军区代司令员、中共中央中南局代理书记。1954年后，任人民革命军事委员会副主席、国防委员会副主席等职。1955年被授予中华人民共和国元帅军衔。1966年1月，任中共中央军委副主席兼秘书长，5月任中共中央书记处书记。1971年林彪叛逃后，以中央军委副主席的身份主持军委日常工作，1975年任国防部部长。在1976年10月粉碎江青反革命集团的斗争中起了中流砥柱的作用。

---

① 中国工农红军改编为国民革命军第八路军，叶剑英任八路军参谋长。随后成立南京八路军办事处，八路军总部委派叶剑英为驻南京的代表。

1978年当选全国人民代表大会常委会委员长。他是中共第七届至第十二届中央委员,第八届、第九届中央政治局委员,第十届、第十一届中央政治局常委和中央副主席,中共第十二届中央政治局常委。1986年10月22日在北京逝世。他文武双全、睿智果断、照顾大局、立场坚定,具有非凡的胆略。

走向十字街头的——潘汉年

潘汉年，江苏宜兴人①，为共党左翼文化运动之最先负责发动与组织者，在组织上之地位，较任何人为重要。其加入共党，约在五卅运动之时②，当时在创造社出版部工作，于周全平主编之"洪水"上，发表作品甚多，颇为知名。武汉政府成立，继之以上海清党，潘遂赴汉，任第二方面军总指挥部政治部宣传科长。南昌暴动发生时，潘亦曾秘密前往参加，失败后逃回上海，与叶灵凤合编"幻洲"半月刊。"幻洲"共分上下两部，上部"象牙之塔"，由叶灵凤主编；下部"十字街头"，则由潘主编。此刊物内容与部分名称，可谓名副其实，盖象牙之塔中所载者，纯为

---

① 1906 年 1 月 12 日，潘汉年生于江苏省宜兴县陆平村。

② 1925 年 11 月，经阮仲一介绍，潘汉年秘密加入中国共产党。

恋爱小说,而十字街头所载者,则均为尖锐泼辣之短评,与极尽俏皮能事之骂人文章也。后"幻洲"被国民政府下令禁止发行,潘又在泰东书局出一"战线"周刊,内容与"幻洲"下部十字街头一贯作风,同时又与叶灵凤在新创之现代书局合编"现代小说",以"亚灵"笔名,发表恋爱小说甚多。"战线"之生命颇短,而"现代小说"则甚长,其后且成为左联机关志之一。

民国十九年春,为共党文艺运动最蓬勃兴盛之时期,而奔走其间,显为努力者,即潘汉年是。左翼作家联盟之成立,以潘之功居多,左联之宣言,即由潘起草,开会时之政治报告,亦由潘包办。左联组织成立后,潘复拉拢一般左倾之社会科学家,组织社会科学家联盟(简称"社联")。时田汉与洪深受左翼艺术剧社之影响,拟组织上海剧团联合会,潘从中推动,遂改组为左翼剧团联盟(简称"剧联")。此时潘在文坛上最为活动,共党文化支部,且派其为党之书记①。

然未几,左翼文化运动受国民党之压迫,转趋消沉,潘汉年即于此时,舍文学而从事政治工作,为共党干部人员及上海反帝大同盟党团书记。其后又被调赴苏区,从事共党内部工作,曾任共党省委及共党中央特务队第三科科长。念三年一月念一日列宁逝世纪念日,中华苏维埃政府在瑞金举行第二次全国代表大会,潘汉年亦当选为共党中央执行委员之一。其后复随红军长征,跋涉千山万水,出生入死者缕(屡)。

"八一三"抗战起后,潘汉年即被任为八路军驻沪办事处主任②,事实上为上海文化界之最高领袖,在文化界救亡协会主

---

① 1929年,中共中央为加强对左翼文化界的领导,决定组成一个文化工作委员会,由潘汉年担任第一任书记。

② 1937年12月,潘汉年出任八路军、新四军驻香港办事处主任,担负中共在南方各省的领导工作。

办之"救亡日报"及韬奋主编之"抵抗"上，发表抗日言论甚多。上海沦陷后，即秘密离沪赴汉云。

编后语：潘汉年（1906—1977），中国共产党隐蔽战线上的重要领导人之一。1925年加入中国共产党，曾任《革命军日报》总编辑、国民革命军总政治部宣传科长。他是左翼文化运动的创始人和领导者，历任中共中央宣传部文化工作委员会书记、左翼文化总同盟中共党组书记。1931年任中共中央特别工作委员会委员，1933年夏赴中央革命根据地，先后历任中共中央苏区中央局宣传部部长、中共赣南省委宣传部部长。1934年参加二万五千里长征，任红军总政治部宣传部部长兼地方工作部部长。1935年7月抵莫斯科出席共产国际第七次会议，1938年8月8日辗转到达当时中共中央所在地陕北保安，向中央负责人张闻天、毛泽东、周恩来汇报共产国际关于建立反法西斯统一战线的主张，并以中共中央全权代表的身份与国民党谈判停止内战，合作抗日。抗日战争初期，任八路军、新四军驻香港办事处主任，后主要在香港、上海等地从事与领导党的地下对敌斗争和统一战线工作。新中国成立后历任中共华东局和上海市委社会部部长、统战部部长、中共上海市委常委、副书记、华东军政委员会委员、上海市副市长兼市人民政府中共党组书记等职。他长期战斗在蒋管区，日伪统治区的上海、香港、重庆，收集了许多重要情报送往中共中央，作为党中央制造反蒋、抗日政策的重要依据，功勋卓著。1955年蒙冤被捕，1977年4月14日逝世。1982年8月23日，中共中央发出通知，为其平反昭雪，恢复名誉。

创造社批评家——成仿吾

　　成仿吾，湖南湘潭人①，为湘潭富家子，曾自费赴日留学，入日本帝国大学攻化学。成虽为化学学士，然生性酷爱文艺，时郭沫若郁达夫张资平等，均为留日学生，且均为爱好文艺者，四人气味相投，遂共同发起组织创造社。当时上海商界闻人赵南公，设有泰东图书局，鉴于新潮澎湃，正谋改弦易辙，创造社乃与之接洽，出版创造季刊、创造周报及创造社丛书等，郁达夫与张资平二人专写浪漫恋爱小说，郭沫若以诗著称于世，成仿吾则专写批评。时新文艺运动方兴起不久，创造社

---

① 成仿吾 1897 年 8 月 24 日生于湖南新化县知方乡澧溪村。

与文学研究会为文坛二大重镇，然当时批评家甚少，以批评家著称者只成一人。未几，创造社因标榜"为艺术而艺术"，与标榜"为人生而艺术"之文学研究会，大开笔战，中间复以翻译问题，互相诋毁，笔战结果，终以成仿吾理直气壮，且创造社为多数青年所拥护，故成遂得奏凯旋之歌。其批评曾集成一册，名"使命"行世。成间亦著小说及戏剧，如"一个流浪人的新年"及"欢迎会"等，然均不成功，颇为文学研究会中人所讪笑。

成仿吾之从事政治活动，在民国十四五年间，时广东国民政府方告成立，郭沫若首先入粤，任中山大学教授，成仿吾亦继之而往，入黄埔军官学校任教官。当时创造社因巨头星散，一时形成停顿状态，仅由小伙计周全平叶灵凤主持。后郁达夫回沪，周全平卷款潜逃，始易由郁主持。清党事起前，成曾代表广东国民政府赴日接洽购买火药，归国后，因全国已告清党，无回粤销差必要，遂留沪编辑创造月刊，提倡革命文学，与郁达夫意见不合，郁遂登报声明永远脱离创造社，创造社乃由成一手主持。成本为一事务人才，处理内外，有条不紊，使创造社之颓势，为之复振。复以大部时间，撰著各种关于革命文学之理论及批评，如"从文学革命到革命文学"等，深得一般青年拥护。时鲁迅方由厦门回沪，主编"语丝"周刊，鲁在青年中之影响亦颇深，惟思想则较落后，曾于"语丝"上著"醉眼中的朦胧"一文，非难革命文学，成遂起而应战。此时创造社除创造月刊外，复出有文化批判思想月刊"流沙"半月刊等数种，在成指挥之下，一致向鲁攻击，仿唐（堂）吉诃德之例，谑鲁曰"唐（堂）鲁迅"，此种举动，虽云过火，然鲁迅后来之转变，实深受成之刺激，即云为成之功，亦无不可。

但不久，创造社即被国民党查封，成仿吾亦遂出国，赴欧

游历，即于柏林正式加入共产党①。民国十九年，左翼作家联盟
成立，成亦列名在内，然实际并未参加，因成此时正远在国外
也。"九一八"事变发生后，成始回国，赴苏区任教育部长②，
苏区中儿童所用教科书，均为成所编。念三年一月，在瑞金举
行中华苏维埃政府第二次全国代表大会，成亦当选为中央执行
委员③。现在陕北延安，与林彪合办红军大学，任红大教务主任
之职④。

编后语：成仿吾（1897—1984），无产阶级教育家和中国
著名作家。1924 年 6 月，成仿吾从长沙南下广州，到广东大学
任教，同时兼任黄埔军校入伍生部政治教官。1928 年在巴黎
参加中国共产党，主编中共柏林、巴黎支部机关刊物《赤光》。
1931 年回国，分派到鄂豫皖苏区工作。1933 年受省委派遣到上

---

① 1928 年 8 月，成仿吾抵达巴黎，与中国共产党巴黎党组织取得联系，不久，
经何肇绪、詹渭清介绍，在巴黎加入中国共产党。

② 1931 年 9 月，成仿吾从巴黎回到上海，党中央委派他到鄂豫皖省工作。10
月，在交通员的护送下抵达鄂豫皖省首府新集，任省委常委、宣传部长及
鄂豫皖省文化委员会和教育委员会主席，全面负责宣传及文化教育工作。

③ 1933 年 10 月 6 日，鄂豫皖省委决定派成仿吾到上海向党中央汇报工作。
经过辗转，1934 年 1 月 10 日到达瑞金，出席了党的六届五中全会，并作为
鄂豫皖苏区的代表参加苏维埃第二次全国代表大会，当选为中华苏维埃共
和国中央政府执行委员，分管教育工作。

④ 长征到达陕北后，1935 年 11 月中共中央到达瓦窑堡，决定恢复中央党校
并任命董必武为校长，成仿吾为教务主任。1937 年七七事变后，党中央决
定成立陕北公学，成仿吾为校长。

海找党中央汇报工作，1934年1月到达中央苏区瑞金，后留中央苏区工作。1934年10月参加长征，任干部团政治教员。1935年10月到达陕北后，任中央党校教务主任兼高级班教员。抗日战争爆发后，任陕北公学校长。1939年带领两千多名学生奔赴敌后，创建华北联合大学，先后历任华北联合大学校长、晋察冀边区参议会议长、中共晋察冀中央局委员、华北大学副校长等职。新中国成立后历任中国人民大学副校长、校长兼党委书记、东北师范大学、山东大学校长兼党委书记。他是中共七大、八大、十二大代表，第一至第五届全国人民代表大会代表，第一届全国政协委员、第五届全国政协常委。成仿吾终身从事文化教育事业，为新中国的文化教育事业作出了重要贡献。

女文学家——丁玲

　　丁玲，真姓名为蒋冰之，湖南常德人①，其家庭为一破落之世家，父早故，由其母含辛茹苦，抚养成人，故丁事母甚孝。丁自幼入当地教会学校受初等教育，毕业后，适五四运动发生，新思潮澎湃，陈独秀等在上海创办平民女子中学，丁为爱国热情及冲破旧的封建传统与家庭束缚之愿望所驱使，乃毅然要求赴沪读书，此举使其家庭发生极大之骇怪，盖丁家原为一大家庭，牢守女子无才便是德之古训，即在当地升学，亦多所訾议，何况单身赴沪求学，但丁母富于反抗精神，独排众议，力赞其行，于是丁乃得如愿以偿。

---

① 丁玲，原名蒋伟，字冰之，别名蒋玮、丁冰之。丁玲是其常用笔名，1904年10月12日生于湖南安福县（今临澧县）。

丁玲既得其母之助，即动身赴沪，入平民女子中学读书，在校两年，识学友王剑虹及王一知二女士，受彼等之影响甚深。王剑虹与丁玲之关系尤为密切。两人因平民女中之功课不能满足彼等期望，乃相约同赴南京，在南京留数月，复赴上海，入上海大学中国文学系读书①，成瞿秋白之高足弟子，王并与瞿秋白结婚，丁则与瞿之弟感情甚佳，然未有何结果。不久，王女士病死，丁甚为痛悼，其后来杰作"莎菲女士的日记"中之主人公，即为王女士之写照，长篇小说"韦护"中之丽嘉，亦颇与王女士近似，故丁之文学活动，与王女士颇有关系也。

丁玲自王剑虹女士死后，即不愿再留在上海，时鲁迅正在国立北京大学任教，丁乃决心由沪赴北京，此民国十三年间事也。丁抵北京后，以一时尚未能入学肄业，乃住于西山附近，其寓所周围，皆为一群文艺青年及艺术学徒，丁即于此时获识胡也频及沈从文，并与胡也频宣告同居。丁虽未能正式成为北大学生，然因鲁迅之力，得入北京大学为傍（旁）听生，如是者凡三年，丁于此时，即从事文艺习作，写小说甚多，然皆以其未臻成熟，不肯发表。

民国十六年，丁玲复回上海，至是始将其严正之处女作"梦珂"，交由"小说月报"发表，一时文坛为之震动，争相猜测此新作家丁玲为何如入。及"莎菲女士的日记""暑假中""阿毛姑娘"等相继发表，丁玲之名，遂益为世人所注意。此时胡也频与沈从文亦相继南下，三人遂共赁屋于静安寺路，正式从事文艺活动，以"小说月报"及新月社之"新月"月刊为发表地盘，胡也频并在"中央日报"编辑副刊"红与黑"，后"红与黑"废刊，

---

① 1922年初丁玲到上海，入平民女子学校，同年秋到南京自修文学，结识了刚从苏联回国的瞿秋白，由瞿秋白介绍入上海大学中文系学习。

复自创办"红黑"杂志，因经济不足而辍，三人又曾先后代小书店编"人间"月刊及"镕炉"月刊等，均仅出一期即停。上海生活程度甚高，仅赖卖文收入，实不足以维持，胡也频乃谋得济南某中学教职，北上教书，但不久重回上海，投身于革命工作，与共党何孟雄一派甚为接近。丁玲本为一热情女性，对于革命工作，亦甚热心，然沈从文则不为革命空气所动，乃与胡丁分裂。十九年，左翼作家联盟成立，丁玲与胡也频均加入联盟为盟员，但为时未几，当局即对左翼文艺运动实施高压手段，多种刊物均遭禁止，胡也频柔石殷夫李伟森等七人，皆于二十年二月间被捕枪决①，此为丁玲一生中所受之最大打击。

　　然此项打击，并未摇动丁玲为革命而奋斗之意志。此时左倾刊物均被查禁，出版左倾书报之书店，均受严重压迫，左翼作家联盟在整顿阵容改变战略以后，乃有"北斗"杂志出现，即由丁玲主编，此为当时中国在左联领导下唯一的文艺刊物。丁玲于"北斗"上，发表其长篇小说"水"，以二十年十六省之大水灾为背景，意义非常重大。"北斗"出版足有一年之久，直至念一年秋，始被国民政府电令上海市公安局禁止，同时并令逮捕其编辑人及主要作家，幸丁玲得讯较早，匿居他处，得免被捕。丁在匿居期内，尚将其激烈作品，陆续发表于"文学月报"及"现代"等刊物。

　　念二年五月十四日黄昏时分，丁玲正与其同志潘梓年应修人等，在虹口昆山花园寓所谈话，不意其住址已为市公安局督察员马绍武（已向南京自首之共党叛徒）所悉，率众前来掩捕，应修人起而抵抗，被探警由三层楼上摔下身死，丁玲与潘梓年则双双

---

① 1931年2月7日夜，林育南、何孟雄与左翼作家胡也频、柔石、殷夫、李伟森（即李求实）、冯铿等24位同志在上海龙华淞沪警备司令部看守所被国民党秘密集体屠杀，英勇牺牲。

被捕。丁被捕后，谣言甚多，至有谓其已与捕其之督察员马绍武发生恋爱，实行同居者，直至马绍武在小花园被共党秘密特务队暗杀，谣言始息。此时消息渐形外露，人咸知丁玲已被解往南京，囚禁于狱中焉。

丁玲在南京被囚禁有一年之久，释放后又有两年不许离开南京，至念五年秋，始许自由行动。当时共党正盛唱联合战线之说，丁玲乃北上，赴陕北延安①，先在军队中服务，后入红军大学，任讲中国文学史，同时并主编集体创作"二万五千里长征记"。

"八一三"抗战起后，丁玲即组织战地服务团，随八路军往晋北前线工作，此时想正与日寇在正面作战中也。

编后语：丁玲（1904—1986），中国现代著名作家。1919年就读于长沙周南女子中学。1922年初赴上海，先后到陈独秀、李达等创办的平民女子学校和中共创办的上海大学文学系学习。1930年参加中国左翼作家联盟，任左联机关刊物《北斗》杂志主编，1932年加入中国共产党。1933年5月在上海被国民党特务逮捕，在南京关押三年多。1936年9月被中共营救出狱后到达陕北保安县，任《解放日报》文艺副刊主编等职。毛泽东写有《临江仙·赠丁玲》，称赞丁玲是"昨天文小姐，今日武将军"。中华人民共和国成立后，丁玲曾任全国文协副主席、《文艺

---

① 1933年5月，丁玲被国民党当局秘密逮捕，在南京囚禁三年多，1936年9月由中国共产党营救出狱到达陕北，当选中国文艺协会主任，并任中央警卫团政治部副主任。

报》主编等职。1948 年她写成的《太阳照在桑干河上》长篇小说获得 1951 年斯大林文学奖二等奖。1955 年被错定为"丁玲、陈企霞反党小集团"主要成员，1957 年又被错划为"丁玲、冯雪峰右派反党集团"主要成员，1958 年遭受"再批判"，送往北大荒劳动改造。"文革"期间深受迫害并被投入监狱关押 5 年多。1978 年平反后重返文坛，先后任中国作家协会副主席等职。1986 年 3 月 4 日，因病在北京逝世。

毛泽东的夫人——贺志珍^①

　　贺志珍，又名降春，江西玉山人^②，为小地主家庭出身，其父曾任县长之职。贺毕业于当地教会小学，毕业后，即在本县参加妇女运动，于民国十六年正式加入共产党^③，是年八月一日，南昌暴动发生，贺亦参加在内^④，有名之女共军抵抗国军一役，即为贺所领导。

　　贺与毛泽东结婚^⑤，时在民国十七年间，贺有一妹，亦嫁于

---

① 应为贺子珍。
② 1909 年 9 月，贺子珍生于江西永新县禾川镇。
③ 1927 年中共永新县委批准贺子珍为中共正式党员，并委任她为中共永新县委妇委书记。
④ 贺子珍未参加南昌起义，此处记述不实。
⑤ 1928 年 6 月的一天，毛泽东和贺子珍在永新塘边结婚。

毛泽东之弟泽潭（覃），后泽潭（覃）为国军所杀，其妹亦下落不明①。贺在红军中，曾先后担任政治教授，看护，妇女组织之领袖，在后方调护伤兵，组织娘子军，甚为忙碌，而当作战时，则又为一女军人，着红军制服，皮带上悬手枪刺刀，曾与国军对阵作战多次，并在前方搬运伤兵。贺自与毛泽东结俪以来，迄今十年，此十年中，终日奔走劳碌，为革命而极尽艰辛，曾生产五次，然所生之子，皆不自育。

民国念三年十月，红军在江西突围长征，步行二万五千里，贺亦随军前进，在战场上曾受伤多次，身上被炸伤达念余处，满身血痕累累，受伤以后，先由人抬，继由人背，复换骡马默（驮），最后人马俱无，只得步行，而于此时，又产生一小孩，可谓受尽人世间之一切痛苦，然卒不死，而奋斗之火焰亦不稍退减。现闻已在八路军中服务。综贺之一生，几无时不在痛苦与奋斗之中，称之为革命女儿，允无愧色，同时亦为毛泽东之良好贤内助也。

编后语：贺子珍（1909—1984），坚强的共产主义战士。自加入中国共产党后，历任中共永新县委妇委书记、共青团永新县委书记、中共吉安县委妇委书记、妇女协会组织部长等职。1927年参与组织永新农民秋收暴动后上井冈山，参加了井冈山革命根据地的创建工作。与毛泽东结婚后在中共湘赣边特委和红四军前委协助毛泽东工作。1934年10月参加长征，其在长征途

---

① 贺怡秘密转移到赣州，进行地下工作。

中历经磨难，不怕困难、英勇奋斗的精神令世人感佩。1935 年10 月到达陕北，1937 年冬去苏联治病和学习，1 月抵达莫斯科，3 月入东方大学七部学习。1947 年冬回国。全国解放后，历任浙江省和杭州市妇联筹委会主任、上海市委组织部副部长、中共上海市虹口区区委书记等职。1979 年当选为全国政协委员。1984 年 4 月 19 日在上海华东医院逝世。

红军中的大姊——蔡畅

　　蔡畅①，湖南人，其胞兄即为共党要人蔡和森，嫂向警宇（予），亦为共党，曾一度任共党中央妇女部长。（均已亡故）蔡容貌颇为不扬，与古之无盐嫫母，不相上下，然学识则甚佳。其夫李富春，亦为共党中重要人物，曾任谭延闿鲁涤平之政治部主任，在共党中，初任上海法南区委书记，继升江苏省委书记，再升为中央军委书记。两人以同志而为夫妇，活动能力，又复不相上下，故颇为相得。

　　蔡畅以其兄及夫均为共党，故加入共党极早②，复因兄及夫

---

① 蔡畅 1900 年 5 月 14 日生于湖南双峰县永丰镇。
② 1922 年 8 月，中共中央决定成立中共旅欧支部，1923 年加入中国共产党，任党支部教育干事。

均为法国留学生，故亦曾随同到过巴黎与马赛。民国十四年，与夫李富春同往广州，在国民党中央党部工作①，任妇女部干事。其时共党在国民党中央党部工作之党员极多，组织有一支部，称为"民中支部"，蔡曾一度任民中支部书记。中央党部职员中之女共党亦不少，且均为共党要人之妻，如周恩来之妻邓颖超，张太雷之妻王一知，阮啸仙之妻高恬波等是也。

蔡畅在女共中，声望稍亚于杨之华（瞿秋白之后妻）向警宇（予）邓颖超，但其工作能力，实远在杨之华等之上。十五年，蔡在广州时，曾被选为共党广东区委之一，任广东区委妇女部部长，其地位固极为重要也。惟为时不久，即离粤赴南昌，盖共（其）时国民革命军已克复南昌，蔡夫李富春为第二军政治部主任，随军进驻南昌也。蔡（夫）此时除任第二军政治部主任外，复任共党江西军委书记，故蔡亦赶至南昌，与李同住于建德观十四号。蔡此时任共党江西区委妇女部长。

国共分裂后，蔡畅即与其夫李富春，同往苏区工作。念三年一月，瑞金举行中华苏维埃政府第二次（全国）代表大会时，蔡亦当选为共党中央执行委员。十月间，随红军长征，为三十个女英雄之一，当时曾谣传其已在赣南阵亡，实属不确，盖蔡虽一路经历千辛万苦，然终于平安到达陕北，并丝毫伤损亦未曾有也。蔡为一般女共党中年龄最长者，故在红军中，有"大姊"之称。

---

① 1925年8月20日，蔡畅、李富春奉命到中共两广区委报到。蔡畅被任命为区委妇委书记，负责两广地区的妇女工作，同时兼任国民党中央妇女干事、中央妇女运动讲习所教务主任等职务。

编后语：蔡畅（1900—1990），中国妇女解放运动的先驱。1919 年赴法国勤工俭学，1923 年加入中国共产党，1925 年回国，历任中共广东区委妇女运动委员会书记、江西省委妇女部长、湖北省委妇女部长等职，1949 年春，主持召开第一次全国妇女代表大会，当选为全国妇联主席。新中国成立后，历任中华全国妇女联合会第一、第二、第三届主席，第四届名誉主席；全国人民代表大会第一、第二、第三届委员，第四、第五届副委员长等职。1990 年 9 月 11 日因病在北京逝世。她几十年如一日，在中国革命、建设和改革中，披肝沥胆，鞠躬尽瘁，建立了不朽功勋。

后　记

　　作为一名中共党史教学与研究者，笔者在评注本书的过程中一直思考：本书与美国记者埃德加·斯诺撰写的《红星照耀中国》（又名《西行漫记》）几乎同时在上海出版，后者当时就誉满全球，本书却几乎销声匿迹。这是什么原因？也许与书名有关。众所周知，1938 年 2 月，以复社名义出版的《红星照耀中国》第一个中文全译本在上海孤岛问世时，考虑到当时的历史环境，书名改为《西行漫记》。这样的书名有利于瞒过敌寇和国民党当局的书报检查官。而本书由于书名《中国的红星》非常扎眼，甫一出版，也许在当时就被查禁销毁了，所以现在存世稀罕。再者，本书的编著者林轶青究竟是何许人也？笔者认为，搞清楚他的真实身份和生平事迹，对于中共党史、中国现代史和中国现代出版史研究，都具有重要的学术价值。因此，恳请林轶青先生的亲属和了解林轶青先生的读者，见到本书后能够与笔者或出版社联系，以解本书编著者之谜。

　　衷心感谢人民出版社邀请笔者为本书作序、评注和撰写后记；感谢责任编辑吴继平的辛勤付出；感谢中央党史和文献研究院的匿名审读专家提出的宝贵意见。笔者评注本书，始终怀着对

中 ★ 国 ★ 的 ★ 红 ★ 星

中国的红星和林轶青先生的敬畏之心，不敢有半点马虎，但由于学识有限，难免有误，还盼方家雅正。谨以此书纪念中华人民共和国成立 70 周年！

李良明
2018 年 11 月 28 日于武昌桂子山

责任编辑：吴继平

装帧设计：吴燕妮

责任校对：吴容华

图书在版编目（CIP）数据

中国的红星 / 林轶青编著；李良明评注；姜小平收藏 . —北京：人民出版社，2019.1
（2021.2 重印）

ISBN 978－7－01－018957－4

Ⅰ.①中… Ⅱ.①林… ②李… ③姜… Ⅲ.①中国工农红军－史料 ②抗日战争－
史料－中国 Ⅳ.① E297.2 ② K265.06

中国版本图书馆 CIP 数据核字（2018）第 285422 号

中国的红星
ZHONGGUO DE HONGXING

林轶青 编著 李良明 评注 姜小平 收藏

人民出版社 出版发行

（100706 北京市东城区隆福寺街 99 号）

北京汇林印务有限公司印刷 新华书店经销

2019 年 1 月第 1 版 2021 年 2 月北京第 8 次印刷

开本：710 毫米 ×1000 毫米 1/16 印张：16

字数：183 千字 印数：38,001–41,000 册

ISBN 978－7－01－018957－4 定价：39.80 元

邮购地址 100706 北京市东城区隆福寺街 99 号

人民东方图书销售中心 电话（010）65250042 65289539